JN108553

おしえてジェンダー！

「女の子だから」
のない世界へ

公益財団法人 プラン・インターナショナル・ジャパン［編］

合同出版

この本を読まれるみなさんへ

「本当は男の子のおもちゃがほしかったのにがまんした」
「女の子なのに落ち着きがないと言われた」
「自分らしさがわからなくて、学校でも家でもきゅうくつに感じる」
　こんな思いをしたことはありませんか？
　女の子と男の子だけでなく、そのどちらか決められない、決めたくない
子だっていますね。
　でも、もしも、女の子らしさ、男の子らしさが、ただの思い込みだとし
たら……？
　この本は、私たちをしばってきた「思い込み」が何なのかを明らかにし、
すべての子どもたちが性別による思い込みにしばられた社会から自由にな
ることを願って書きました。
　思い込みの原因として考えられるのが「ジェンダー」という概念です。
ジェンダーとは、社会的・文化的な役割としての性差を意味します。最近
は、「ジェンダー平等」や「ジェンダー不平等」、「ジェンダーに配慮した」
などと使われることが多く、新聞やテレビ、インターネットで、よく耳に
すると思います。「ジェンダー平等」とは、男女の性別に関係なく、だれ
もが自分の望むとおりの将来を自分で決めるための大切なカギとなる目標
で、国連で採択された SDGs（持続可能な開発目標）にも定められています。
　残念ながら、ジェンダー平等を達成できた国や地域はまだありません。
でも、世界は少しずつ、すべての子どもが自由に羽ばたける社会に向けて
進み始めています。
　この本を読んで得た新たな気づきや感想を、友人や家族に共有し、話し
合ってみてください。この本を通じて、みなさんが声を上げ、ジェンダー
による束縛や強制から自由になるための一歩を踏み出せますように！

　　　　　　　　　　　公益財団法人プラン・インターナショナル・ジャパン

も　く　じ

第1章　身のまわりにあるジェンダー

第2章　ジェンダーと暴力

第3章　世界の女の子が直面するジェンダー問題

第4章　ジェンダーフリーな社会をつくろう

小さなころから「女の子だから」「女の子は危ないことをしちゃダメ」「女の子らしくしなさい」って言われてばかり

世の中には「女の子だから〜」という言葉があふれているよね

人から言われるだけでなく、無意識に自分自身に言い聞かせているかもしれないね

こんな言葉のせいでやりたいことをがまんしてきた人ってたくさんいるはず！

「女の子だから」という性別を理由に私たちをしばってきた役割や決まりごとを

「ジェンダー」

というよ

gender

ジェンダー？

ハルを悩ませるのはこの決まりごとつまりジェンダーだね

進学や就職、結婚などいろんな場面で私たちの選択や行動をせばめることもあるんだよ

ジェンダーってスゴい力があるんだね

でも、この「決まりごと」とされてきたことは

実は正しい理由のないものだったと研究者たちによって明らかにされている

へえー

ぴゅ〜...

ジェンダーに苦しむのは女の子だけじゃなくて

男の子も「男の子は泣いちゃダメ」「男の子は強くたくましく」といった決まりごとにしばられているんだ

そっか……男性か女性かだけでなくどちらにも分類されない人だっているしね

そのとおり!

だから「男らしさ」とか「女らしさ」というジェンダーによる線引きをやめる方法を考えてみよう

そうだね思い込みによる線引きをやめたら、どんな社会が待っているのかな?考えるとワクワクするね!

ところでソラ何でそんなに「ジェンダー」にくわしいの?

モヤモヤするとふっと現れて教えてくれるつよ〜い味方の

プラン先生

がついているんだ

おぉ〜っ

身近なジェンダーのことプラン先生に教えてもらおうよ!

この本に登場する人

ハルとソラと一緒に学ぼう！

ハル

近ごろ、なぜかモヤモヤする
ことが多い 14 歳。

ソラ

ジェンダーにめざめて
猛勉強中の 18 歳。

プラン先生

ジェンダーの専門家。
女の子の味方。

第1章

身のまわりにある
ジェンダー

「ジェンダー平等」といわれていても、私たちは日ごろから
性別によるさまざまな壁につき当たります。第1章では、
私たちを取り巻くジェンダーの課題について考えていきま
しょう。

① 女の子は ピンクの服？

教えて！
プラン先生

「らしさ」「らしくない」という言葉

　「料理が苦手な女の子」「かわいい服装に興味のない女の子」「化学の実験や数学の計算が好きな女の子」「ズボンしかはかない女の子」——こんな女の子は「女の子らしくない」と言われてきました。

　男の子の場合はどうでしょうか。

　「外遊びよりも人形遊びが好きな男の子」「泣き虫な男の子」「メイクやスカートに興味のある男の子」「恋愛小説や少女マンガが好きな男の子」——こんな男の子は「男の子らしくない」と言われ、やりたいことを否定されてきた子もいるでしょう。

マンガやアニメに見るヒーロー、ヒロイン像

　少女マンガにでてくる主人公の女の子は、たいていドジであまり取り柄がない。ヒーロー役の男の子はたいてい人気者で何でもでき、ライバル役の女の子もスポーツ万能で勉強も得意。でもそんな女の子に男の子は見向きもせず、たいていあまり取り柄のない女の子に惹かれ、「オマエ何もできないんだな」「まぁそこもかわいいんだけどさ」と言いいながら女の子の頭をなでる。もしくは壁ドンして強引に告白する。

　そんな場面に、違和感を持ったことはありませんか？

> 壁ドンって、好きじゃない相手にされたら、ただの暴力じゃない？

> 何で「オマエ」って呼ばれないといけないの？

> スポーツ万能で成績もいい「女の子」はどうして主役になれないの？

マスメディアが伝える「かわいい」女の子

　雑誌やテレビなどのメディアを見ても、「モテメイク」「女の子はかわいくなくっちゃ」といった見出しで、「女の子の世界」を「こうあるべき」と押しつけてきます。

　小学生向けのファッション雑誌でも、異性にモテるためのテクニック、「モテテク」が紹介されています。おしゃれでかわいい女の子とは、流行の服を着て、目が大きく、髪の毛はふんわりカールがかかり、やせている。そんな女の子が、背が高くて頭がよく、運動もできる男の子たちにモテるというのです。

　「ステキな女子」を目指すための笑顔やあいさつ、マナーの紹介、そして女の子らしいファッションやムダ毛の処理が、必要不可欠であるかのように書かれています。

　かわいくてモテる女の子像がテンプレート（決まった形式）として、私たちに届けられているのです。

メディアが後押しするルッキズム

　でも、よく考えてみてください。そんな女の子や男の子はまわりにいますか？

　もちろんファッションやメイク、ダイエットに関心がある女の子もいます。でも興味がなかったり、ムダ毛を処理するより「ありのままでいたい」と考える女の子だっています。男の子だって、みんなが高身長でカッコイイわけではありません。

　このような見た目を重視し外見で価値をつけることを「ルッキズム（Looks＋ism、外見至上主義）」といいます。モデルのようなやせた体型、ニキビのないきれいな肌、二重まぶた、脱毛していることなどが求められ、ダイエットや美容に女の子をかり立てます。男の子も「イケメン」であることが求められ、背が低く、肌があれていて、目が細く、毛むくじゃらの男の子は「魅力的ではない」といわれます。

　ルッキズムはSNSやインターネット、メディアを通じて毎日のように私たちに「あるべき見た目」を伝えているのです。

　このルッキズムに、あなたはしばられていませんか？

教科書の中のジェンダー

メディアだけでなく、学校の教科書にも固定化されたジェンダーのとらえ方があります。

例えば、英語の教科書で使われる「Mrs. ／ Miss ／ Ms. ／ Mr.」の表記。男性は結婚しているかどうかにかかわらず「Mr.」なのに、女性だけ独身の場合「Miss」であるのを不思議に思ったことはありませんか？　また身体の性と心の性が異なる場合、どの表記を使えばいいのか迷うこともあるでしょう。

日本史の教科書を見てみても、古くから社会や政治の中心にいたのは男性です。男性の活躍や功績が多く紹介される一方で、「活躍した」とされる女性はわずか「卑弥呼」や「北条政子」くらいです。

その他の教科でも、台所に立つお母さん、仕事に出ているお父さん。男性は、天文学者や弁護士、郵便局員、料理人などどんな仕事にもつける。女性は、専業主婦か母親、もしくは看護師か保育士、学校の先生として表現されています。

教科書に登場する女性（女の子）が限られると、固定的な性別役割分担やジェンダーに関する思い込み（ジェンダー・ステレオタイプ）を再生産させかねません。

まとめ

・「女の子だから」「男の子だから」と、性別を理由に私たち
　をしばってきた役割や決まりごとを「ジェンダー」という。
・ジェンダー・ステレオタイプは、私たちの身のまわりや、
　メディアで流れる情報、教科書にもたくさんある。

**考えて
みよう**

・あなたが気になる「女の子だから」「男の子だから」の例
　を３つ挙げてみましょう。

教えて！
プラン先生

医学部の受験で女子に不利な差別があった

　2018 年、東京医科大学の入試の合否判定の際に、入試での得点を女子受験生のみ一律に減点する得点調整がおこなわれていたことが発覚し、ニュースとなりました。それは女子の合格者を 3 割以下に抑えるためでした。

　東京医科大学の医学部の一般入試は、マークシートの 1 次試験の後、2 次試験で小論文と面接がおこなわれますが、1 次試験で現役から 3 浪までの男子受験生は加点され、一方で、女子受験生と 4 浪以上の男子受験生は加点されませんでした。その結果、合格者数は性別によって大きな差が生まれました。この大学では、10 年以上にわたって女子が合格しにくいシステムが取られていたのです。

　これをきっかけに、文部科学省が東京医科大学をふくむ各大学の医学部へ調査をおこないました。その結果、複数の医学部で「男子」か「女子」かによって、合格に差を設けていたことが明らかになったのです。

女の子の「お医者さん」はどうしてダメなの？

　なぜ、女子の合格率は、男子より低く設定されたのでしょうか？

　ひとつは「男性医師の方が信頼できる」という思い込みがあります。かつて、「患者は家事や育児に時間を取られる女のお医者さんに診てもらいたくない」と、あからさまに言われる時代がありました。★ 1　女性の役割は子育てや介護を担うことで、女性は家にいるべきだという思い込みは、女子が医学部に進学し、医師になって活躍するチャンスなどをうばいました。

　こわいのは、女の子や女性の中でもこうした考えが当たり前となり、疑問に思わなくなることです。2018 年に女性の医師を対象におこなわれた調査では、東京医科大学の入試で女子受験生だけが得点を加算されなかったことについて、「理解できる」「ある程度は理解できる」と答えた女性の医師が計 65％に上りました。★ 2

女性はコミュ力が高いから !?

海外に目を向けると、日本もふくめた先進国で活躍する女性の医師の割合は平均48.7％（2019年）で、2人に1人が女性の医師です。ラトビアやリトアニアなどの東欧では、医師の4人に3人が女性です。それに比べると日本は21.8％で、先進国でも最下位です。

2018年にアメリカの医学雑誌で発表された調査では、過去20年間に心疾患で病院に運びこまれた58万人の患者は、女性の医師の治療を受けた方が死亡率が低かったことがわかりました。その要因として、女性の医師の方が患者の話をより「聞く」ことと、そのコミュニケーション能力の高さが背景にあると指摘されています。★3

医学部の入試で差別的な得点調整をおこなった大学は、女子受験生に加点しなかった理由に、女性の方がコミュニケーション能力が高いことを挙げ、「判定の公平性を確保するために、男女間の差を補正したつもりだった」としています。

コミュニケーション能力の高さは医師にとって大切な「スキル」であるはずです。なのに、それが理由で日本の女の子は医師になることができませんでした。

2000年と2019年のOECD37カ国の女性医師の割合（上位3カ国および日本をふくめたG7諸国）

国　名	2000	2019
ラトビア	72.8	73.7
エストニア	73.1	73.6
リトアニア	69.8	70.7
イギリス	36.0	48.6
ドイツ	36.0	47.6
フランス	36.5	46.1
カナダ	31.3	44.2
イタリア	30.2	43.8
アメリカ	25.0	37.0
日本	14.3	21.8
OECD37カ国平均	39.0	48.7

出典：OECD, Share of female doctors, 2000 and 2019 (or nearest year).https://stat.link/y3p0fe

「お医者さん」は長時間労働

　また、女性の医師が増えない理由のひとつに、「女性は結婚や出産で職場を離れる可能性があるので、人手が足りなくなる」ということを挙げる人もいます。大学病院の場合、その大学の医学部の卒業生が働くことが予想されますが、「女性は結婚や出産、育児のため、フルタイムで働けなくなる」という考えから、医学部に入る試験の時点で女子をふるい落としていたと考えられます。

　女性が結婚、出産や育児によってフルタイムで働けないのは「困る」と考える背景には、医師の長時間労働の問題があります。医師は診療をするほかにも仕事があります。また、宿直や日直など、救急の患者等に備えて待機することも必要です。

　厚生労働省が 2019 年におこなった調査では、病院などでフルタイムで働く時間が「週 60 時間以上」だった医師は男性で 41％、女性で 28％でした。そのうち「週80 時間以上」働く医師は男性で 9 ％、女性で 6 ％でした。20 代の医師の場合、男性は週平均 61 時間 34 分、女性は週平均 58 時間 20 分勤務していました。★ 4

　ちなみに、日本では労働基準法で、働く時間の上限が「一日 8 時間、週 40 時間」と定められています。これを「法定労働時間」といい、それ以上働くことを「残業」といいます。また 2020 年から「法定労働時間」を超えて働く場合、原則として「月45 時間・年 360 時間」までとされています。

　この基準から考えると、医師の勤務時間は「法定労働時間」を週 20 時間超えており、明らかな「長時間労働」です。月 80 時間近い残業を常に強いられるのは、厚生労働省が定める月 80 時間という「労災認定基準（過労死ライン）」の目安に近い状況でもあります。

　この長時間労働が、女性医師が出産や育児を機にフルタイムで働くことをあきらめざるを得ない要因となり、その結果、医学部の入試で「やめてしまうかもしれない」女の子を合格させない構造を生み出したのです。

　「女の子だから」医師になれないという問題、あなたはどう思いますか？

医学部だけじゃない　女の子をはばむ「入試」の壁

　女子の入試の問題は、医学部だけに限りません。

　東京都の公立高校では70年以上にわたり、募集定員が男女別に設定されてきました。性別によって入試の合格ラインが異なる理由として、「男女別に定員を設けずにいると、女の子の合格者が多くなる。男の子が入学できる余地を残しておくためにも、男女別定員制は意味がある」という意見が出されました。

> ちょっと待って！　女の子の方が頭が良いけれど、
> 男の子のために合格枠をゆずれってこと？

　女の子の「好きな科目」を見ると、小学生のときは「理科が好き」という回答が多いですが、中学生になると「自分は文系」と考える割合が高くなることが指摘されています。しかし、中学校時点の学習到達度を測る国際的な調査（PISA 調査）を見ると、日本の男女ともに読解力、科学的リテラシーおよび数学的リテラシーは先進国の平均より高く男女差はありません。★5

まとめ

- 日本では「女の子はお医者さんには向いていない」と長く言われてきた。その理由は「女性の医師は信用できない」「妊娠や出産、子育てで職場を離れる」というものだった。
- 女の子は理系を選択しない傾向にあるが、国際的な調査では科学的リテラシーおよび数学的リテラシーは日本の女の子は男の子とともに、決して低い状況ではない。

考えて
みよう

・私立大学医学部での女子受験生への不当な合格率の引き下げが発覚した後、2021年度には、全国の国公私立大学医学部の合格率が男子13.51％、女子13.6％となり、調査がはじまった2013年度以降、初めて男女の合格率が逆転しました。★6　このニュースを読んで、あなたはどう思いますか？

★1… 萬知子「医師の gender difference と患者予後」『杏林医会誌』49巻1号（2018年3月）35-38ページ。
https://www.jstage.jst.go.jp/article/kyorinmed/49/1/49_35/_pdf
★2… 朝日新聞「『偏る性別、患者にも弊害』医療界の男女格差なくすには」2019年1月28日付。
https://digital.asahi.com/articles/ASM1L62GZM1LUTIL044.html
★3… 東洋経済オンライン「『女性医師が診る患者は死亡率が低い』の根拠」2018年9月15日付。
https://toyokeizai.net/articles/-/237316
★4… 第9回　医師の働き方改革の推進に関する検討会「参考資料3　医師の勤務実態について」2020年9月30日。
https://www.mhlw.go.jp/content/10800000/000677264.pdf
★5… 内閣府「男女共同参画白書　令和元年版」Ⅰ　平成30年度男女共同参画社会の形成の状況　特集　第2節
2019年6月。https://www.gender.go.jp/about_danjo/whitepaper/r01/zentai/html/honpen/b1_s00_02.
html
★6… 文部科学省「令和3年度医学部（医学科）の入学者選抜における男女別合格率について」
https://www.mext.go.jp/content/2021930-mxt_daigakuc02-100001375_1_2.pdf

どうしたの？

ありえない!!

見てよ

育児中の妻が寝ていたら夫が帰ってきて「メシは？」だって

ご飯もつくれないくらい疲れたから寝てるのに

メシは？

まず妻を心配する言葉がほしいよね

ハルが夫の立場だったらどうする？

「できるまで寝てて」って言ってもらえたら少しは休めるよね

いいね

今日は何か買ってくるよとか代わりに料理つくるよとか

料理は得意じゃないから時間かかるかもだけど……

20

日本の男性は家で何をしているの？

こんなテレビドラマや CM、マンガを見たことありませんか？

帰宅してソファに寝転がる彼氏。脱いだ靴下は床に放り出したまま。「もう、ちゃんと片づけてよ」と彼女が文句を言いながら靴下を洗濯かごに入れる……。

深夜に帰宅する夫。妻が用意していた食事を夫が食べている間に、妻はお風呂や明日のお弁当の準備。

あるいはこんな場面はどうでしょう？　働いている女性に保育園から「お子さんが熱を出したので迎えに来てほしい」と電話がかかってきました。夫にメッセージを送ると「オレは大切な会議があって帰れない。お迎えよろしく」という返事が……。まわりの人に「すみません」と事情を説明し、あわてて会社を飛び出す女性。

こんなこともありそうですよね。「いつも家事をやってもらっているから、今日はオレが」と、はりきって料理を始める彼氏。ひと休みしたい彼女に、「塩はどこにある？」「あの食材は？」と聞いてくる彼。イライラしてくるけれど彼女はがまん。ようやくできたご飯を食べながら、キッチンを見るとぐっちゃぐちゃ……片づけは誰がやるんだろう？

テレビドラマや小説、マンガに登場する男性は、たいていは職場でそれなりに働いて、でも家ではだらしなくなり、彼女や妻がお世話しないと何にもできないというパターン。なぜ、それがよくあるシーンとなってしまうのでしょう？

日本の男性は家事をしない

OECD（経済協力開発機構）が 2020 年に発表した、先進国の男女の一日の過ごし方を比較したデータによると、「有償労働時間」（お金をもらって働いている時間）が長いのは、どの国も男性という結果が出ました。特に長いのは日本人の男性で、一日平均 452 分（7 時間 32 分）働いていました。次いで韓国の 419 分（6 時間59 分）、カナダの 341 分（5 時間 41 分）という結果。ちなみに OECD 平均は、317 分（5 時間 17 分）でした。一方、日本の女性の有償労働時間は 272 分（4 時

男女別に見た生活時間（週全体平均）

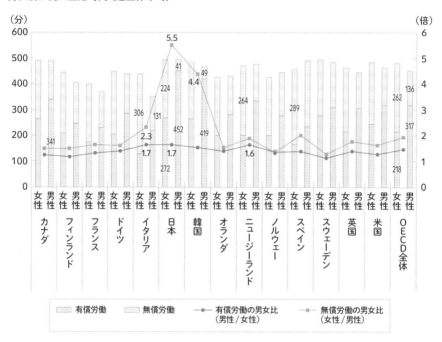

（備考）1. 有償労働は、「paid work or study」に該当する生活時間、無償労働は「unpaid work」に該当する生活時間。
「有償労働」は、「有償労働（すべての仕事）」「通勤・通学」「授業や講義・学校での活動等」「調査・宿題」「求職活動」「その他の有償労働・学業関連行動」の時間の合計。
「無償労働」は、「日常の家事」「買い物」「世帯員のケア」「非世帯員のケア」「ボランティア活動」「家事関連活動のための移動」「その他の無償労働」の時間の合計。
2. 調査は、2009年〜2018年の間に実施。

出典：男女別に見た生活時間（週全体平均）（1日当たり、国際比較）『男女共同参画白書 令和2年版』
https://www.gender.go.jp/about_danjo/whitepaper/r02/zentai/html/zuhyo/zuhyo01-c01-01.html

間32分）で、OECD平均は218分（3時間38分）でした。★7

　家庭でおこなわれる家事、育児、介護など、お金が支払われない労働のことを「無償ケア労働」といいます。OECDのデータでは、日本の女性の無償ケア労働にかける時間は一日平均224分（3時間44分）です。それに対して日本の男性の無償労働時間は、先進国ではもっとも短い41分でした。

　世界の男性は平均で136分、毎日約2時間、家事や育児、介護に関わっていました。「無償ケア労働」における男女比は、日本は5.5倍とダントツの男女差があります。日本の女性は家庭で多くの仕事を担っているのです。

「会社をやめないと、家がゴミ屋敷になる……」

　「女性の方がお金をもらって働く時間が少ないから、家事や育児、介護をするのは当たり前だ」と思いますか？

　先ほどの男性が家事をしないという話を思い出してみてください。

　長時間働いて、家では何にもしない夫（父親）。でも、明日のお弁当づくり、ゴミ出し、シャツのアイロンかけ、掃除は誰がやるのでしょうか？　家がゴミ屋敷にならないために、誰かが家事をしないといけない。そんな理由でたくさんの女性が働くことをあきらめて専業主婦になったり、好きだった職場を離れ、パートや契約社員として働いたりすることを選んでいるのです。

　総務省が発表した2018年の調査によれば、全国で0〜6歳の子どもを育てている人は1,112万人で、このうち過去5年間に「出産・育児のため」に退職した人は102万5,000人、その大部分（98.7％）は女性でした。また、過去1年間に介護・看護のために仕事をやめた人は9万9,000人、そのうち女性は約8割の7万5,000人でした。★8

働き続けても、男性と条件が違う？

　最近では結婚や出産を機に働くのをやめる女性の数は減少傾向にありますが、時間に融通がきくパートや契約社員になることを選択する女性は多くいます。正社員として働く女性は20代をピークに減少し、働く女性の2人に1人がパートや契約社員など、正社員ではない働き方を選択しています。

　非正規雇用の場合、時給で給与が支払われることが多く、残業などの長時間労働がない反面、社会保険に入れないこともあり、勤務先の経営状況により解雇される可能性があります。また、給与も正社員より低く設定されています。2016年時点で、正社員の給与は非正規社員の1.5倍、年収ベースで1.8倍程度の差があります。★9

　この収入の差は、女性が出産や育児にかかわらず、正社員として働き続けられるかどうかで生まれているものです。

　人生100年時代、高齢化にともない、老後のための貯蓄が大事といわれており、女性が定年まで働き続けられることも大切なはずです。

　にもかかわらず、「女性が育児や介護のために正社員として働き続けることをあきらめる」ことは当たり前だと思われていました。

まとめ

・女性の働き方は、家事や育児、介護など家庭の事情に左右されている。

・その結果として、男性と女性の間で生涯に獲得できる賃金には大きな格差が生まれている。

教えて！
プラン先生

考えて
みよう

・あなたのお母さんは働いていますか？　お父さんは家事に
参加していますか？　お母さんとお父さんの家事の分担は
どうなっているか、表にまとめてみましょう。

★7…内閣府男女共同参画局、「生活時間の国際比較」『男女共同参画白書　令和2年版』（2020年）。
　　https://www.gender.go.jp/about_danjo/whitepaper/r02/zentai/html/column/clm_01.html
★8…総務省統計局『平成29年就業構造基本調査　結果の概要』（2018年7月）、2-3ページ。
　　https://www.stat.go.jp/data/shugyou/2017/pdf/kgaiyou.pdf
★9…内閣府「正社員・非正社員の賃金差の現状」『平成29年度　年次経済財政報告』（2017年7月）、94ページ。
　　https://www5.cao.go.jp/j-j/wp/wp-je17/pdf/p02013.pdf

ねぇソラ
この間、弟の学校の運動会が
あったんだけど……

うんうん

応援団長を見た
おじいちゃんが
「今は女の子が団長か」
とビックリしてた

なんだか、その言い方に
モヤッとしたんだよね

おじいちゃんからしたら
いかにも男の世界
って感じだからかな

オッス

仕事や役割の
固定化された
イメージって
身近にけっこう
あるんだね

応援団長も
仕事のリーダーも
男女どちらがやっても
おかしくないよね

うん
うん

女の子には目に見えない障壁がある

「ガラスの天井」という言葉を聞いたことはありますか？

ガラスの天井は、英語の glass ceiling（グラスシーリング）を訳した言葉です。

企業や役所などの組織内で、能力や仕事の実績から、昇進するべきと考えられる人であっても、「女性だから」「アフリカ系だから」などの性別や人種などを理由に昇進できない状態を「見えない天井」に例えたのです。

国際労働機関（ILO）は、世界各地のガラスの天井についてレポートを公表しています。★ 10　それによれば、世界の多くの地域で、大学以上の高等教育に進む女の子の割合は男の子より高いですが、就職率は男性の方が高いのです。また、働いているか働く意欲がある人の割合は、15 歳以上の女性では約半数にあたる 2 人に 1 人でしたが、男性では 4 人のうち 3 人に上っています。

「ガラスの天井」がぶ厚く、割れない日本の状況

日本の「ガラスの天井」はどのような状況でしょうか？

2020 年に公表された「第 5 次男女共同参画基本計画」では、企業や役所、団体などの職場で女性が管理職に就く割合が、主な先進国では 30％以上であるにもかかわらず、日本では 2019 年時点で 14.8％にすぎないことが指摘されました。

基本計画がかかげたさまざまな職業において、2022 年 4 月時点での女性の管理職の割合と、2025 年度末までに達成する目標などをまとめたのが以下の表です。

女性の管理職の割合

項目	目標値（期限）	計画策定時の数値	最新値
都道府県の本庁部局長・次長相当職に占める女性の割合	10％ （2025年度末）	7.0％ （2020年）	7.4％ （2021年）
民間企業の雇用者の部長相当職に占める女性の割合	12％ （2025年）	6.9％ （2019年）	7.7％ （2021年）

出典：内閣府男女共同参画局「第5次男女共同参画基本計画における成果目標の動向（2022（令和4）年4月30日時点）」より作成。
https://www.gender.go.jp/about_danjo/seika_shihyo/pdf/numerical_targets_r040614.pdf

また下の図は、大企業における女性の役員の割合を示したものです。女性役員がいない上場企業の数は減少していますが、2021年時点で、約3分の1（33.4%）にあたる732の企業には女性役員がいません。女性役員がいない企業が過半数を占めるのは、33業種中、倉庫・運輸関連業や海運業などの4業種です。

　これら2つの表から、日本では女性の管理職はまだまだ少ないこと、業種によってぶ厚い「ガラスの天井」があることがわかります。

業種別の女性役員割合分布状況

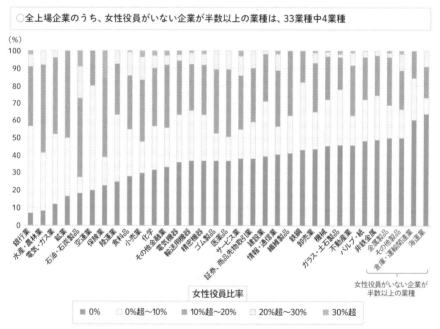

○全上場企業のうち、女性役員がいない企業が半数以上の業種は、33業種中4業種

女性役員比率

■ 0%　□ 0%超〜10%　■ 10%超〜20%　□ 20%超〜30%　■ 30%超

（注）調査時点は原則として2022年7月31日現在。調査対象は、全上場企業。
　　　「役員」は、取締役、監査役および執行役。

出典：男女共同参画局「女性役員情報サイト」より作成。

消えた女性はどこに行った？

でもみなさん、ここで「不思議だな」と思いませんか？

高校や大学へ進学する場面では、女の子の方が「優秀だ」といわれていたのに、会社や役所に入るとき、その女の子たちはどこに「消えてしまった」のでしょうか？

ガラスの天井は厚く、そして女の子が女性になるにつれて、結婚、出産、育児とさまざまな選択をせまられます。また、「リーダーは強く指示ができる男性がなるべき」「女性は感情的でリーダーに向いていない」といった「ステレオタイプ（先入観、思い込み）」も、女性が職場から "消えてしまう" 原因です。

公益財団法人プラン・インターナショナル・ジャパン（以下、プラン）が、18歳以上の学生以外の男女1,000名に実施したリーダーシップに関するアンケート調査★11　によると、リーダーといった責任ある職に就くことについて「やりがいがありそう」（男性43.2％、女性37.9％）と前向きなとらえ方がある一方、「仕事量が増えた（増えそう）」（男性38.5％、女性46.1％）、「労働時間が長い（長そう）」（男性30.1％、女性37.1％）、「家庭やプライベートの両立がつらい（つらそう）」（19.9％、26.8％）という否定的なコメントが見られました。

また、調査では、リーダーになることについて男性より女性の方が否定的に反応していました。

日本の女の子たちはこれまで行動を制約されたり、学校に入るための試験でも差別を受けたり、就職しても会社でぶ厚すぎる「ガラスの天井」のために立ち止まってきました。家事や育児、介護のために、フルタイムで働きたくても男性と同等に働くことはできません。夫も気づかってくれません。そんな状況で、あなたはリーダーになってさらに仕事量を増やす選択ができますか。

まとめ

- 職場で女性の昇進は「ガラスの天井」にはばまれてきた。状況は変わりつつあるが、業種によって差も見られる。
- 女性がリーダーになることを望まないのは、家事や育児、介護をするのは「女性」とみなされてきたから。リーダーになりたくても、残業など長時間労働の働き方を選択できずにあきらめてきた。

考えて
みよう

- あなたの学校の校長・副校長・教頭は男性ですか、女性ですか？ 女性の校長先生の割合はどのくらいなのか調べてみましょう。

★10…以下のデータ出典：ILO, BEYOND THE GLASS CEILING: WHY BUSINESSES NEED WOMEN AT THE TOP, Sep 2019. https://www.ilo.org/infostories/en-GB/Stories/Employment/beyond-the-glass-ceiling#introduction

★11…公益財団法人プラン・インターナショナル・ジャパン『日本における女性のリーダーシップ 2021』（2021年 4 月）。https://www.plan-international.jp/activity/pdf/210405_leadership.pdf

あれ？

ユウとモモ？
どうしたの？

えーー？？

ソラ？

いや、ちょっと…

私とモモがレズだっていううわさが広まっているらしくて…

えーー！！

そんなうわさが立ってどうしようかと

じつは…
私たちつきあうことにしたんだけど…

そんなうわさ気にしない気にしない

うんうん
違いを理解して認め合える社会にしなくっちゃ！

それは、おめでとうよかったね！

どんなうわさか知らないけど私たち一人ひとり違って当たり前でしょう？

教えて！
プラン先生

一橋大学アウティング事件とは

　2015 年に、一橋大学の大学院で、ある男子学生が転落死する事件が起こりました。この学生 A は同性愛者（ゲイ）で、友人である男子学生 B に恋愛感情を抱き、告白したのですが、告白された B は同性愛者ではありませんでした。

　B は告白を断りましたが、A をさけようとした結果、共通の友人とも遠ざかってしまいました。そんな中、精神的に不安定になった B は、悩んだ末に友人たちとのグループメッセージで、告白をしてきた A がゲイであることを明かしてしまいました。このアウティング★ 12 がきっかけで、家族にもゲイであることを隠していた A は、第三者に暴露されたことを苦に自殺をしたといわれています。

　事件の翌年に、死亡した学生 A の遺族が、学生 B と一橋大学の責任を追及して損害賠償を求める民事訴訟を起こしたことで、この事件は広く知られるようになりました。

　あなたが告白をされた学生だとしたら、どう対応したと思いますか？

ＬＧＢＴＩＱ＋ という言葉を知っていますか？
エルジービーティーアイキュープラス

　LGBTIQ+ は、Lesbian（レズビアン、女性同性愛者）、Gay（ゲイ、男性同性愛者）、Bisexual（バイセクシュアル、両性愛者）、Transgender（トランスジェンダー、性自認が出生時に割り当てられた性別とは異なる人）、Intersex（インターセックス、身体的性において「男性・女性」の中間またはどちらとも一致していない状態）、Questioning（クエスチョニング、自らの性的指向や性自認について疑問を持っている人）、＋（プラス、LGBTIQ に当てはまらない多様な性的マイノリティの人）の頭文字を取った略称です。

　電通ダイバーシティ・ラボが 2021 年に実施した「LGBTQ+ 調査 2020」によれば、LGBTQ+ に該当すると回答した人は 8.9％で、約 11 人に 1 人が LGBTIQ+ という計算になります。★ 13

セクシュアリティを決める要素は4つある

　人間の性（セクシュアリティ）を決める要素は、「カラダの性」「ココロの性」「好きな相手の性」「性表現」の4つに分類されます。

　性自認や性的指向は、LGBTIQ+ とそうでない人とではっきりと分かれているのではなく、グラデーションのように多様です。

　最近では LGBTIQ+ だけではなく、SOGIESC（ソジエスク。Sexual Orientation、Gender Identity、Gender Expression、Sex Characteristics、性的指向、性自認、性表現と身体的性の頭文字を取ったもの）という言い方もあります。LGBTIQ+ が性的マイノリティを表すのに対し、「どんな性的指向・性自認であっても平等に尊重されるべき」という考えを基に生まれた SOGIESC は、あらゆる性的アイデンティティを表し、すべての人を対象としています。

　2018 年に大手 SNS サイトであるアメリカのフェイスブック（現メタ）は、これまでの「男性・女性」の性別カテゴリの他に 56 種類の「Custom（カスタム）」ジェ

セクシュアリティを決める4つの要素

カラダの性 （身体的性）	外性器や内性器など体のつくりなどによって決められ、生まれたときに「男の子」「女の子」として割り当てられる性を指します。「インターセックス」は中間で、どちらにも分類されない場合を指します。
ココロの性 （性自認）	カラダの性にかかわらず、自分自身を「どのような性」と考えているかです。例えば、カラダの性は男性だけど自分のことを女性と自認している人の「ココロの性」は女性です。このようにカラダの性とココロの性が異なる人は「トランスジェンダー」と呼ばれます。それに対してカラダの性とココロの性が一致している場合は「シスジェンダー」といいます。自分自身の性を両方だと感じる、あるいはどちらでもないと感じる場合は「Xジェンダー」または「ノンバイナリー」と呼ばれています。
好きな相手の性 （性的指向）	どんな人を好きになるかです。例えば、男性に恋愛感情を持つ場合は性的指向が男性に向いていて、男性と女性の両方が恋愛対象の場合は性的指向が両性に向いています。相手の性自認や性的指向に関係なく人を好きになる人は「パンセクシュアル」といわれます。 恋愛感情や性的感情を持たない人もいます。人に対し恋愛感情を持たない人を「Aロマンティック（アロマンティック）」、恋愛感情も性的感情も感じない人のことを「Aセクシュアル（アセクシャル）」といいます。
性表現	自らが表現したい性のことです。男性的なファッションや言動、言葉づかいなどで男性を表現したい人の場合、性表現は男性となります。

ンダーオプションを追加しました。また、
どう呼ばれたいかを選べる「Pronoun（代
名詞）」は、「男性用（he ／ his）」「女性用
（she ／ her）」「中性用（they ／ their）」の
３つから設定できます。

　日本でも少しずつではありますが、アン
ケートなどの性別に関する選択肢に「その
他」「答えたくない」などが加わり、一人
ひとりに寄り添った選択ができるように
なっています。

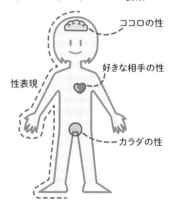

セクシュアリティの４つの要素

ココロの性

好きな相手の性

性表現

カラダの性

アウティング、SOGI ハラ対策の義務化

　先ほどの「一橋大学アウティング事件」は、ゲイであった学生のプライバシーや
人権尊重の観点からも許されることではありません。

　また、「あの人はゲイなんだって」という陰口やいじめなど、性的指向や性自認
に関する嫌がらせのことを SOGI（性的指向と性自認）ハラスメント（SOGI ハラ）
★ 14 といいます。

　2017 年に放送されたフジテレビの番組に、同性愛者の男性にまつわるイメージ
を強調したキャラクターが登場しましたが、これが SNS などで炎上し、フジテレ
ビは謝罪に追い込まれました。「ホモ（ゲイの蔑称）」をもじったキャラクター名や、
同性愛者を見くだす言い方やからかいは、冗談やお笑いのつもりだとしても当事者
を傷つけ、当事者ではない人も不快にさせる差別行為です。

　2020 年 6 月に施行され、2022 年 4 月から中小企業でも施行されたパワハラ防
止法（改正労働施策総合推進法）では、このようなアウティングと SOGI ハラへの
対策が、職場や学校など事業主の義務となりました。

インターセクショナリティというものさし

　すべての女性は、生まれた国や育った環境、受けた教育や職業が異なり、一人ひとりの背景はさまざまです。さらに、性的マイノリティや移民・難民、障害者である場合、より多くの問題に直面する可能性があります。女性というジェンダーに加えて、これらの問題を抱えた女性や女の子はより不公平な立場に置かれる可能性が高くなります。

　人種や性別、性的指向、障害など複数の要素が組み合わさることにより起こる、差別や不公平を理解するための考えを「インターセクショナリティ（交差性）」と呼びます。

　生まれ育った環境や通っている学校、収入、性的指向や性自認、障害があるか、といったさまざまな要素によって、私たち一人ひとりは多様な存在となっています。女の子でも性的指向が違えば、見える景色は異なります。私たちは「自分と違うから」と区別するのではなく、その違いを理解し、違いとして認め合い尊重することが求められています。

まとめ

・性的指向や性自認は、LGBTIQ+ とそうでない人と、はっきりと分かれているのではなく、一人ひとり顔や性格が違うように人によりさまざまで、「男性」「女性」とはっきり分けられるものではない。

・LGBTIQ+ 当事者への差別や性的指向などを本人の同意なく公表することは、当事者を傷つけ、当事者ではない人も不快にさせる行為であり、許されない。

・女の子も人種や性別、性的指向、性自認などによって、それぞれ異なる差別や不公平な扱いを受けることがある。これを理解するためのものさしを「インターセクショナリティ」という。

考えてみよう

もし、あなたが親友から LGBTIQ+ であることを打ち明けられたら、どのような行動をとるべきだと思いますか？ また、とってはいけない行動はどんなものでしょうか？

★12…本人の了解を得ず、公にしていない性的指向や性自認を暴露すること。

★13…プランでは「LGBTIQ+」という用語を使用しているが、電通ダイバーシティラボの調査は「LGBTQ+」となっている。株式会社電通「電通、『LGBTQ+ 調査 2020』を実施」2021 年 4 月 8 日。
https://www.dentsu.co.jp/news/release/pdf-cms/2021023-0408.pdf

★14…性的指向や性自認に関連した、差別的な言動や嘲笑、いじめや暴力などの精神的・肉体的な嫌がらせをおこなうこと。また、望まない性別での学校生活・職場での強制異動、採用拒否や解雇など、差別を受けて社会生活上の不利益が生じること。それらのハラスメント・出来事全般を表す言葉。兵庫県宍粟市人権啓発冊子 2021「そよ風」より引用。https://www.city.shiso.lg.jp/material/files/group/40/SOGI13-14.pdf

**⑥ 世の中のしくみを
変えるのは無理？**

子育て世代の支援を……

政治家って男性ばかり

ホントだ！7〜8割は男性かな

もしも女性の政治家が5割くらいに増えたら……

政治家が産休や育休を率先して取得するようになって

育児と仕事の両立がもっとしやすい社会になる…

夫婦別姓や同性婚も別の視点から議論がおこなわれる…

女性や女の子が生きやすい社会になる…

あれもこれも…

きっと女性に配慮した政策がもっと実現するね

ま、まあ、急にそんなうまくいかないかもだけど

教えて！
プラン先生

政治に参加する女性の割合

　2021年10月31日におこなわれた衆議院議員総選挙は、「政治分野における男女共同参画推進法」（39ページ参照）が施行されてから初の総選挙となり、女性の議員立候補者が増えることが注目されていました。立候補者1,051人のうち女性は186人（全体の17.7％）。しかし、当選した女性は45人で、衆議院議員の女性比率はそれまでの10.1％を下回る9.7％となりました。

衆議院議員総選挙における候補者、当選者に占める女性の割合の推移

○衆議院議員総選挙における候補者及び当選者に占める女性の割合は上昇傾向にあるが、低い水準となっている。
○2021年10月執行の総選挙では、候補者に占める女性の割合は17.7％、当選者に占める女性の割合は9.7％となり、2017年10月執行の総選挙の結果を下回った。

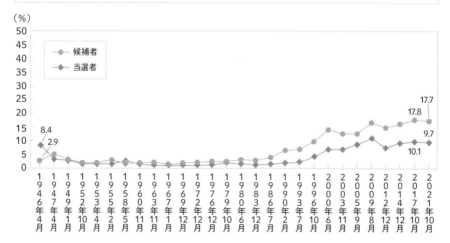

（備考）※第5次男女共同参画基本計画において、候補者に占める女性の割合を2025年までに35％とする目標を設定しているが、これは、政府が政党に働きかける際に念頭に置く努力目標であり、政党の自律的行動を制約するものではなく、また、各政党が自ら達成を目指す目標ではない。

出典：内閣府男女共同参画局
https://www.gender.go.jp/about_danjo/whitepaper/r04/zentai/html/zuhyo/zuhyo01-01.html

2022 年 7 月、世界経済フォーラムが発行する政治・経済・教育・保健の 4 分野による男女格差を数値化し、順位をつける「ジェンダー・ギャップ指数 2022」が公表されました。日本の順位は世界 146 カ国中 116 位で、特に政治分野の低さ（139 位）が目立ちました。

　国際組織「列国議会同盟（IPU）」の調査では、日本の女性議員割合の順位は 193 カ国中 165 位（2022 年 8 月現在）でした。★ 15　これは各国の国会下院（日本の場合は衆議院）または一院制の議会の女性議員の割合を示したもので、世界平均は 26.4％でしたが、日本は 9.9％でした。

　都道府県や市区町村の女性議員の割合はどうでしょう。

　2021 年の時点で都道府県議会に占める女性の割合は 47 都道府県平均で 11.6％、もっとも高い東京都議会で 32.3％（127 人中 41 人）、もっとも低い山梨県では 2.8％（36 人中 1 人）でした。★ 16　市区町村レベルでは女性議員がまったくいない市区町村議会は全国 1,741 議会のうち 275 議会（15.8％）でした。★ 17　また、地方公共団体のトップである首長を見ても、都道府県知事は 47 名中 2 名、政令指定都市市長は 20 名中 2 名、市区町村長は 1,721 の市区町村があるなか 32 名が女性でした（2020 年 12 月末時点）。

「政治分野における男女共同参画推進法」ができたけれども

　政治分野における女性の割合の低さに対し、日本政府が何もしなかったわけではありません。2018 年に施行された「政治分野における男女共同参画推進法」は、衆議院、参議院、地方議会で各政党が公認する候補者が男女同じ割合になることを目指すものでしたが、政党による取り組みは努力義務にとどまり、強制力もありませんでした。

　2021 年の衆議員選挙でも、男女均等の 50％を目指す共産党、社民党を除き、多くの政党は候補者に占める女性の割合が 3 割未満でした。

「でも女性が選挙に出たがらないんじゃないの？」

「でも女性が選挙に出たがらないんじゃないの？」

こんな意見も、女性候補者を増やす取り組みの中でよく聞かれます。どうして女性は議員に立候補したくないのでしょうか？

背景には、早朝から深夜におよぶ選挙戦の厳しさや、議員になった後も「男だらけの政治の世界」に参入する難しさがあります。内閣府男女共同参画局の調査では、立候補を検討したものの断念した994人（男性500人、女性494人）中、「仕事と家庭生活の両立の難しさ」を挙げた割合は男性より女性の方が高い（女性47.8％、男性38.8％）ことがわかりました。

この調査では、政治活動のさまたげとして「政治は男性がおこなうものだという周囲の考え」があると答えた女性は半数近くに上り、「性別に基づく侮辱的な態度や発言」「年齢や婚姻状況、出産や育児などプライベートな事柄についての批判や中傷」と回答した割合も女性の方が高いことが明らかになりました。★18　また地方議員も、女性議員の34.8％（男性議員は2.2％）が「性別による差別やセクシュアル・ハラスメント」を活動のさまたげとして挙げ、さらに女性議員の57.6％が「有権者や支援者、議員などからハラスメントを受けた」経験がありました。

女性議員が活動することは、女性の視点から政治を見つめ、女性に配慮した政策をおこなうためにもとても大切です。有権者も、女性の政治家には女性に向けた政策の実施を働きかけやすいというメリットがあります。しかし残念ながら、大半の政治家が男性である現状では、女性特有のニーズに応じにくいこともあります。女性が政治的な力を持つことは、私たちが住みやすい社会をつくるために必要不可欠です。

議員として立候補するとき、そして当選した後の困難を考えて、多くの女性が政治活動に関わることを断念せざるを得ない社会は、ジェンダーに配慮した社会といえるでしょうか？

持続可能な開発目標（SDGs）でもジェンダー平等がうたわれている

2015年9月にニューヨークの国連で採択された「持続可能な開発のための2030アジェンダ（2030アジェンダ）」では、具体的に持続可能な開発目標（Sustainable Development Goals、以下SDGs）が定められました。

SDGsの17の目標のひとつが、目標5「ジェンダー平等を達成し、すべての女性および女の子の能力強化をおこなう」です。目標の多くは達成期限が「2030年」なのに対し、目標5は期限が記されていません。ジェンダー平等の達成が今すぐ解決すべき課題だという強い意志の表れともいえます。

日本政府は、2020年末に決定した「第5次男女共同参画基本計画」で、「2020年代の可能な限り早期に政治家や管理職など指導的地位に占める女性の割合を少なくとも30％程度」にするという目標をかかげています。国政選挙の女性候補者比率は「2025年までに35％」としていますが、現状ではまだまだ達成できていません。

国会議員の規則に「産休」の規定すらなかった

2000年8月に現職の参議院議員として初めて出産を経験した橋本聖子さんは、妊娠判明当時、議員が「出産」という理由で休みを取ることができなかった制度に声を上げ、出産に先立つ2000年3月に参議院の規則改正にこぎつけました（2001年に衆議院も改正）。「女性の国会議員が子どもを産むなら『子育てを終えてからもう1回、出直せ』『辞職するべきだ』という声もありました」と当時を振り返っています。★19

労働基準法は、母体の保護を目的に、産後間もない女性会社員の休業を規定していますが、議員は特別な職とみなされ、この産休規定は適用されていません。今では8割の市区町村議会で出産を理由に議会を休めるようになりましたが、会期中すべての日程を休めるわけではありません。そうした制度の不備も背景にあり、子育て世代の女性議員の割合は、ほかの世代の議員と比べて低いことが指摘されています。★20

2019 年夏の参議院選挙で、身体障害のある候補者が当選してから議会内でのバリアフリー化が進みました。このように当事者が政治に関わることで、日ごろから抱えている困難を認識し、必要なサポート体制を取ることができるようになりました。また、当事者も気づかなかったバリア（障壁）の存在が、ほかの議員や私たちに伝わるようになりました。

女性をしばる「らしさ」や「社会」を変えるために

「女の子なんだから〇〇しなさい」

「女の子なんだから理系に進んじゃダメ」

「女の子は政治家には向いていない」

振り返ると、女の子や女性はたくさんの「女の子なんだから」という〝のろい〟をかけられてきました。〝のろい〟はとても強く、たくさんの女の子が自分の将来をあきらめたり、意見を言うことをやめたりしてきました。

私たちの未来を「女だから」で決めつけてしまっていいのでしょうか？

ジェンダー平等の考えは、私たち一人ひとりが多様性を持って自由に考えを持ち、自分の未来を決めていいということ、そして、そのために社会や制度、私たちの意識を変えていかないとダメだと教えてくれます。

ジェンダー平等という目標を手に入れた今、私たちは、〝のろい〟にどう立ち向かえるでしょうか？

教えて！
プラン先生

まとめ

- 世界の中でも日本は女性の政治家の割合が低い。その背景には「政治は男性がするもの」「女性が立候補するのは難しい」という性別に基づいた思い込みがある。
- 議員には、出産・育児休暇に関する規則のない時代があった。
- 女性議員が増えることで女の子や女性の声を反映させた政策の実現が可能になる。

考えてみよう

- あなたが暮らす地域には女性の政治家はいますか？ 身近な自治体の議会には何人の女性議員がいるか調べてみましょう。

★15…IPU, Monthly ranking of women in national parliaments, https://data.ipu.org/women-ranking ？
month=8&year=2022

★16…内閣府男女共同参画局「女性の政治参画マップ 2021」カラー版（2021 年 8 月作成）。https://www.gender.
go.jp/policy/mieruka/pdf/map_josei_2021_color.pdf

★17…内閣府男女共同参画局「全国女性の参画マップ」（2023 年 3 月）。https://www.gender.go.jp/policy/
mieruka/pdf/map_all.pdf

★18…内閣府男女共同参画局「令和 2 年度　女性の政治参画への障壁等に関する調査研究報告書」（2021 年 3 月）。
https://www.gender.go.jp/research/kenkyu/pdf/barrierr_r02_gaiyo.pdf

★19…ニッポン放送 NEWS ONLINE 編集部
「参議院議員・橋本聖子の出産時、議員規則には「産休」の項目がなかった」（2021 年 2 月 15 日）。
https://news.1242.com/article/272141

★20…日本経済新聞朝刊「女性議員にも産休期間を　子育て当事者の代表を政治に」（2021 年 1 月 18 日付）。
https://style.nikkei.com/article/DGXKZO68189560V10C21A1TY5000/

ヤングケアラーにもジェンダー差別がある？

　ヤングケアラーという言葉を聞いたことはありますか？　本来は大人が担うべき家事や家族の世話などを日常的に引き受けている子どものことです。★21

　学校からまっすぐ帰宅して、親に代わっておじいちゃん、おばあちゃんや、幼い弟や妹の世話をしたり、夕食の準備をしたり、障害や病気のためにサポートが必要な親・家族がいる場合は、その世話や施設への送り迎えをすることもあります。あなたのまわりにそんな同級生や友だちはいませんか？

　2020年12月から2021年2月におこなわれた調査では、中学校の46.6%、全日制高校の49.8%にヤングケアラーと思われる子が「いる」という結果が出ました。★22

　調査ではヤングケアラーと思われる子どもの状況も報告されました。9割以上の子どもが「学校を休みがち」で、「精神的な不安定さ」があることが報告され、次いで「遅刻や早退が多い」「保健室で過ごしていることが多い」とされています。

　ヤングケアラーの存在がこれまで問題とされなかったのは、家族の世話をすることが「親孝行」とか「えらい」などとほめられてきたことが背景にあります。ほめられることで「がんばろう」という気持ちになり、その反面、友だちと遊んだり、習い事や塾に通ったりする機会がうばわれてきました。

　ケアの内容は、男の子が「金銭の管理」の割合が高いのに対し、女の子は「家事（食事の準備や掃除、洗濯）」「きょうだいの身体的な介護」「きょうだいの世話や保育所等への送迎など」の割合が高くなっています。世話の回数や費やす時間は女の子の方が多く長い傾向にあり、世話に感じるきつさも、「精神的にきつい」「時間的余裕がない」と回答する割合が高いのです。

　自分よりも家族のケアやサポートが優先されるヤングケアラーには、自分の時間が取れない、勉強できない、ケアについて話せる人がいなくて孤独を感じる、ストレスを感じる、友人と遊ぶことができない、睡眠が不十分、という人もいます。また家族のケアを優先するあまり、大学進学にあたって地元の学校を選んだり、進学をあきらめることにもつながっています。

★21…https://www.mhlw.go.jp/stf/young-carer.html

★22…三菱UFJリサーチ＆コンサルティング「令和2年度子ども・子育て支援推進調査研究事業ヤングケアラーの実態に関する調査研究報告書」2021年3月。https://www.murc.jp/wp-content/uploads/2021/04/koukai_210412_7.pdf

第 2 章

ジェンダーと暴力

「女性だから」なぐられる。性的マイノリティであることを理由にいじめられる。こうしたことを「ジェンダーに基づく暴力」といいます。世界中で、性別を問わず起こりうる問題です。

被害者は「個人的な問題」として抱え込んでしまいがちなため表面化しにくく、「見えない暴力」ともいわれています。

第 2 章では、私たちの身のまわりにあるジェンダーに関わる「暴力の問題」を考えていきましょう。

今日、友だちが
通学中にちかんに
あったって言ってた

朝から嫌な
気分になるね

プン

プン

腹が立つのは、それを
聞いていた男子が

スカート短い
からじゃね？

あはは

って笑ったことなの

そんなこと言ったら
何でも目の前にあるものを
勝手に触ったりして
いいことになるよね

キレーイ

すごーい

ベタ

ベタ

ベタ

誰!?

そうだよ
かっこいい人が
いても勝手に触ったり
しないもん

いきなり知らない人から
体を触られるのって
とってもこわいことだよね

改めて、ちかんとは？

　2017年、JR埼京線内で、20代女性の下着に手を入れるなど、わいせつな行為をした疑いで男性4人が逮捕されました。4人は一度も会ったことがなく、ネットの掲示板を見て集まったちかん常習犯でした。日時と場所を決めて、集合後に目星をつけた女性を取り囲み、ちかん行為をしたと考えられています。警視庁は、強制わいせつ罪または迷惑防止条例違反に当てはまるちかんの事例として、

　・衣服や下着の上から、あるいは身体に直接触れて、下半身や尻、胸、ふともも
　　などをなで回す。
　・背後から密着して、身体をしつこく押しつける。
　・衣服のボタンやブラジャーのホックなどをはずす。
　・エスカレーターや階段などで、スカート内をカメラやビデオで盗撮しようとする。
などを挙げています。また、衣服を切りさく行為や、相手に付きまとったりのぞいたりするのもちかん行為です。★23

　警視庁が2021年に迷惑防止条例違反で検挙したちかん1,400件のうち、駅構内での発生が28.2%、電車が21.9%でした。その多くは通学・通勤時間帯の7〜9時、帰宅時間帯の15〜21時の間に集中し、被害者の多くが10代（28.2%）と20代（36.5%）で、全体の6割以上をしめています。★24

ちかんの時間別および場所別発生状況

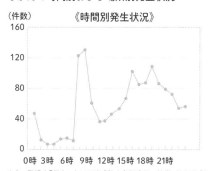

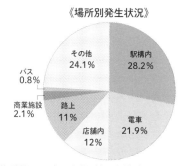

出典：警視庁「都内における迷惑防止条例違反の検挙、性犯罪（強制性交等、強制わいせつ）の認知状況（令和3年中）」（2022年11月10日）。
https://www.keishicho.metro.tokyo.lg.jp/kurashi/higai/koramu2/koramu8.html

今から 30 年以上前、1988 年 11 月に大阪市内を走る地下鉄で起きた「地下鉄御堂筋線事件」は、ちかんへの関心を集めるきっかけとなりました。この事件では、ちかん行為をしていた男性 2 人を注意した会社員の女性が、その男性たちによって電車から連れだされ、市内を連れまわされたうえ、暴行やおどしを受けてレイプされました。被害にあった女性は「まわりの人はジロジロ見るだけで助けてくれなかった」と語りました。

　加害者の男性は、裁判で「前途ある青年である」「同情すべき成育歴がある」ことで情状酌量（裁判官が判決にあたり、犯罪に至った事情のあわれむべき点をくんで刑罰を軽くすること）の余地があるとして、懲役 3 年 6 カ月の判決が下されています。

　前途ある青年といっても、被害者女性の将来はどうなるのでしょうか？　同情すべき成育歴があればレイプも許されるのでしょうか？

　この事件をきっかけに設立された「性暴力を許さない女の会」は、大阪市交通局（当時）と関西私鉄各社に対して公共交通機関における性暴力をなくすための PR 活動を求めました。★ 25　翌年には大阪府警と関西鉄道協会がちかん対策ポスターを制作、今では全国の公共交通機関で当たり前のように「ちかんは犯罪」「見つけたら通報を」といった PR ポスターを見ることができます。

ちかんが起きるのはなぜ？

《無理に声出さなくてもいいんだよ。次痴漢出たらそれで刺しな》

　2019 年にツイッター上で、ちかんに対する防衛策として安全ピンを持ち歩くマンガが投稿され、話題になりました。マンガの作者は中学生のころ、電車内で初めてちかん被害にあったという女性で、保健室の先生から安全ピンを手渡されたそうです。この投稿は大きな反響を呼び、安全ピンを刺すことで生じるトラブルに対処するための弁護団ができたほどです。★ 26

　印鑑・文具メーカーのシヤチハタは、2019 年夏に「迷惑行為防止スタンプ」をテスト販売しました。このスタンプは、被害者が容疑者の手にハンコを押しておくと、ブラックライトで印影が浮き出るしくみです。

でも、みなさん、「あれ？」と思いませんか？

安全ピンも迷惑行為防止スタンプも、ちかんが起きてからの対策です。そもそも考えるべきなのは、ちかんが起きることそのものであって、ちかん対策ではないはずです。

私たちはもっと怒っていい

ちかんは犯罪です。

ちかんされたことで外出がこわくなり、「スカートが短い自分が悪い」「お前がさそった」などと言われるのではないかという気持ちで声を上げられない人もいるでしょう。

でも、被害者はもっと怒っていいのです。公共交通機関の利用はすべての人の権利です。それなのに「自分の欲を満たしたい」「弱い者いじめをしたい」という一部の人のために、電車などがこわくて落ち着かない場所になるのはおかしなことです。

スカートが短いから？　そんなことはスカートの下に手をつっこむ理由になりません。

ちかんのために、着たい洋服を着ることをあきらめないといけないのでしょうか？

まとめ

・電車内のちかん行為は、強制わいせつ罪や迷惑防止条例違反などに当てはまる、れっきとした犯罪。

・ちかん被害を受けた人が悪いのではない。

**考えて
みよう**

・ちかんにあった場合、どのような行動をとるのが正しいでしょうか。また、とってはいけない行動はどんなものでしょうか？　それぞれ3つずつ考えてみましょう。

★23…警視庁による定義や発生割合については、大髙実奈「男女大学生における電車内痴漢被害の実態調査」『東洋大学大学院紀要』第54巻（2017年）、66ページより引用。https://toyo.repo.nii.ac.jp/？action=pages_view_main&active_action=repository_view_main_item_detail&item_id=10031&item_no=1&page_id=13&block_id=17

★24…警視庁「都内における迷惑防止条例違反の検挙、性犯罪（強制性交等・強制わいせつ）の認知状況（令和3年中）」（2022年11月10日）。https://www.keishicho.metro.tokyo.lg.jp/kurashi/higai/koramu2/koramu8.html

★25…「性暴力を許さない女の会」https://no-seiboryoku.jimdofree.com/

★26…産経新聞「『痴漢に安全ピンで反撃』は是か非か論争　どう考える？」2019年6月23日。https://www.sankei.com/article/20190623-36LM7K23MFJWTC3PLOFFQ5FHDE/

② デートDVを ジェンダーから見てみる

友だちの彼氏が ほかの男子から連絡が 来るだけで怒るんだって

うわぁ、それって 束縛が強いタイプ?

そうみたい あしや腕が出る服を着たら

「誰に見せたいの?」

って機嫌が 悪くなるらしいよ

彼女を自分の思いどおりに したいんだね、きっと

友だちは がまんしてる みたいだけど……

彼女の行動を自由に させないこと

それも暴力(DV)に ふくまれるんだよ

えっ、教えて あげなきゃ!

デート DV という言葉を聞いたことがありますか？

「おまえみたいなブス、オレだから付き合ってやっているんだ」って彼氏に言われた

「裸の写真送れ」って言われた

メッセージに気づかず返事が遅れたらキレられた

そんな気分じゃなかったのに、無理やりセックスさせられた

デート中に何か気に入らないことを言ってしまったらしく、突然たたかれた

でも彼、その後、泣いて謝ってくれたの

本当はやさしい人なの

　こんなやり取りを友だちから聞いたり、恋人に言われたりしたことはありますか？　これらはすべてデート DV の例です。

　デート DV とは「恋人間で起こる暴力」のことです。なぐる・蹴るといった身体への暴力だけでなく、言葉や態度で相手をののしり、ばかにすること、スマホで何度も居場所や行動を確認したり、自分以外の友だちと出かけるのを禁止したりする、行動を制約する行為も暴力にふくまれます。

　マンガや映画で見る壁ドン、あれも嫌な相手にされたら「ただの暴力」です。

デートDVの一例

返信が遅いとキレる
他の異性と口をきくなと言う
いつどこにいるか常に報告させる
人格を否定する
髪の毛を引っぱる
床や壁に身体を押しつける
デートの費用をいつも負担させる
同意のないあらゆる性行為（キス・セックス・体を触る）

出典：NPO法人デートDV防止全国ネットワーク　https://notalone-ddv.org/more/219/

　デート DV は、女性が加害者となる場合もあります。NPO 法人エンパワメントかながわが、中学生〜大学生 2,825 人におこなった調査（有効回答数 2,122）では、交際経験があると答えた 1,329 人（62.6％）中、DV 被害経験のある人は全体の38.9％（女性 44.5％、男性 27.4％）であり、加害経験のある人は全体の 20.8％（女性 21％、男性 20.5％）であることがわかりました。10 代のみでは、被害経験のある人は全体の 37.9％（女性 43.8％、男性 26.7％）、加害経験がある人は全体の21％（女性 21.4％、男性 20.2％）をしめていました。★ 27

　内閣府男女共同参画局の調査で、「交際相手から何らかの被害を受けたことのある」と回答した人に、被害によって生活に変化があったかをたずねました。「自分に自信がなくなった」（27.4％）がもっとも多く、「夜、眠れなくなった」（22.4％）、「携帯電話の電話番号やメールアドレス、SNS のアカウントを削除した・変えた」（15.5％）と続きます。

　また、暴力を受けたときに「別れたいと思ったけれど、結局別れなかった」という人にその理由を聞いたところ、「相手が変わってくれるかもしれないと思ったから」が 50％ともっとも多く、次いで「別れるとさみしいと思ったから」（44％）という回答がありました。★ 28

デート DV の被害を受けている人は、なぜ別れることができないのでしょうか？

デート DV は対等な関係でないから起きる

そもそも、好きで恋人同士になったはずなのに、なぜデート DV が起きるのでしょうか？

デート DV の加害者と被害者の心理に関する研究★29　は、被害者・加害者ともに自己肯定感が低く自分に自信がないこと、つまり「自分のことが嫌い」という感情があることを指摘します。被害者にある「別れるのがさびしい」という相手を頼る気持ちや自己肯定感の低さが、相手からの暴力を仕方なく受け入れることにつながるのではと考えられています。

大阪国際大学に通う学生 361 人を対象にした調査では、加害者のジェンダー規範（男性と女性がどうあるべきで、どう行動すべきかという考え）が強いこと、そして他者を尊重しない傾向が高いことがわかりました。★30　「男は強くないといけない」「女は男の言うことを大人しく聞くべき」といった私たちをしばりつけてきた世の中のルール（と思われてきたこと）が、恋人への暴力となるのです。

みなさんは、「目の前の人に手を上げたり、蹴ったりしろ」と言われたらどうしますか？

「そんなことできない」「相手が痛いはず」としり込みする人がほとんどです。でも、踏み越えてしまう人がいます。

それは、相手を「対等な存在」と考えていないからです。好きで付き合い始めたとしても、どこかで相手を下に見ているのです。「下の存在」が自分の気に入らないことをしたり、自分の知らないところで自由に遊んだりすることが許せない。だから束縛して、ときに暴力をふるうのです。

デートDVをなくすために何が必要？

　デートDV被害にあったときは、ためらわずに誰かに助けを求めましょう。自分一人で抱え込まず、友だちや家族、学校や職場などのカウンセラー、支援機関や公的機関に相談することが大切です。

　そしてもうひとつ大切なのは、「自分」と「相手」の関係に「上」か「下」かは「ない」ということを忘れないでください。

　デートDVにあわないために、そして、もしあったとしたら「やめて」とはっきり言えるようにするために、自分はかけがえのない存在であることをまず認めましょう。そして、そのことを相手にも認めてもらうのです。

　ジェンダーにかかわらず、自分も相手も尊重されるべき存在だと知り、尊重し合うこと。それを学校や家庭で、みなさんが暮らす地域で、きちんと理解するのです。

　もし、自分や友だちがデートDVにあっていて、恋人に嫌なことをされても「NO」を言えないときは、まずまわりの人や信頼できる大人に相談しましょう。難しいときは専門機関や専門家に相談できる窓口もあります。124ページの「困ったときの連絡先」で紹介しています。

まとめ

・「恋人間で起こる暴力」であるデート DV には、なぐる・蹴るといった身体への暴力だけではなく、言葉や態度で相手をばかにすること、スマホで何度も居場所や何をしているか確認したり自分以外の友だちと出かけるのを禁止するといった、行動を制約する行為もある。

・自分や身のまわりの人がデート DV にあっていたら、まずは身近な信頼できる人に相談する。相談できない場合は相談窓口を利用する。

**考えて
みよう**

・友人がデート DV にあっていたら、どのようなアドバイスをしますか？　自分だったらどうするか考えてみましょう。

★27…特定非営利活動法人エンパワメントかながわ「デート DV 白書　Vol.5　全国デート DV 実態調査報告書」。https://notalone-ddv.org/wp-content/uploads/2018/01/ddv_hakusho_vol5.pdf

★28…内閣府男女共同参画局「男女間における暴力に関する調査報告書」II -3「交際相手からの暴力の被害経験」参照（2021 年 3 月）。https://www.gender.go.jp/policy/no_violence/e-vaw/chousa/r02_boryoku_cyousa.html

★29…松並知子・青野篤子・赤澤淳子・井ノ崎敦子・上野淳子「デート DV の実態と心理的要因〜自己愛との関連を中心に〜」『女性学評論』第 26 号（2012）。https://kobe-c.repo.nii.ac.jp/?action=pages_view_main&active_action=repository_view_main_item_detail&item_id=2477&item_no=1&page_id=33&block_id=148

★30…西岡敦子・小牧一裕「リプロダクティヴ・ヘルス／ライツ」に関する調査 VIII：デート DV の現状，および，被害・加害の関係とその特徴」『国際研究論叢：大阪国際大学紀要』第 22 巻 3 号（2009 年）、25-39 ページ参照。https://oiu.repo.nii.ac.jp/?action=pages_view_main&active_action=repository_view_main_item_detail&item_id=165&item_no=1&page_id=13&block_id=21

③ AV出演にJKビジネス、身のまわりにひそむ危険

モデルにならないかと声をかけられてアダルトビデオ（AV）への出演を強要されることがあるんだね

そう「登録だけでも」と言われて書類にサインをしたら

裸になることを認める契約書だったりだまされる例は聞くよ

出演しないと違約金を払えって言われるらしいけど……

うっかりサインしてしまったら？

これまでに違約金を払わなくてよいとされた裁判例もあるし

18歳未満の未成年の場合保護者の同意のない契約は原則取り消すことができるんだ

困ったら相談できる窓口もあるから、ひとりで問題を抱え込まないことが大切だよ

すべての女の子に知っておいてほしいね

教えて！
プラン先生

後を絶たない AV 出演の強要

2016 年、内閣府男女共同参画局が 15 〜 39 歳の女性におこなったアンケート調査によれば、「モデルやアイドルなどにならないか」「オーディションを受けないか」「雑誌・テレビ番組等の撮影に協力してほしい」とさそわれたり、声をかけられたりした経験のある人は約 4 人に 1 人（24.2％）でした。

そして、そのときの対応について「積極的に話を聞いてみよう／応募してみよう」「話だけでも聞いてみよう／条件などの情報だけでも確認してみよう」と回答した人は全体で 12.5％で、年代別では 10 代がもっとも高いというデータが出ています（26.7％）。★ 31

国際人権 NGO ヒューマンライツ・ナウによると、若い女性が「AV に出演する」という認識がないまま契約書にサインをし、「契約だから仕事をこばめない」「仕事を断れば違約金」「親にバラす」などとおどされ、AV 出演を強要される事例が後を絶ちません。

若い女性の無知や生活苦に乗じて性行為を強要し、それが半永久的に残ってしまう被害は著しい人権侵害であり、違約金などを理由におどし、断れない立場にさせることは「女性に対する深刻な暴力」であると、同団体は指摘しています。★ 32

成年年齢の引き下げで増す危険性

2022 年 4 月から成年年齢が 18 歳に引き下げられ、18 歳以上であれば親の同意がなくてもさまざまな契約ができるようになりました。成年年齢の引き下げにより「AV 出演を強要される女子高校生が増えるおそれがある」といわれています。

AV への出演は、成年年齢が 20 歳だったときも、18 歳以上で本人の同意があれば契約が可能でした。しかし、18 〜 19 歳の「未成年」の場合、保護者などの同意を得ずに結んだ契約は後から取り消すことが可能（未成年者取消権）だったため、契約が取り消され撮影したビデオを販売できなくなるリスクに備え、AV 制作業者も未成年者との契約をさける傾向にあったといわれています。

しかし、成年年齢が 18 歳に引き下げられると、この未成年者取消権が使えなくなるため、18 〜 19 歳が AV 出演を強要される可能性が指摘されたのです。

ポルノ被害者への相談支援をおこなう NPO 法人ぱっぷすが、2021 年度に受けた AV 被害に関する相談件数は 81 件でした。そのうち 20 歳未満の被害者は 20 人で、全体の 2 割以上です。同団体は、AV が一度でもインターネット上に広まると被害者の心身への影響が長く続くことなどを理由に、18 〜 19 歳に未成年取消権を維持存続させるための立法化について要望書を出しています。★ 33

こうした動きを受け、2022 年 6 月 15 日には、AV 出演者が映像公開後も自由に契約解除できる期間を設ける、いわゆる「AV 出演被害防止・救済法」が成立しました。契約から 1 カ月間は撮影してはいけないこと、撮影終了後から 4 カ月間は映像を公開してはいけないことが定められ、公開されてからも 1 年間（法の施行後 2 年間は「2 年間」）は無条件で契約を解除できます。業者は、出演者にうそを伝えたりおどしたりした場合は罰則を受けることになり、契約を解除されたら動画削除や商品回収をおこなうことが求められています。

JK ビジネスはなぜなくならないか

AV 出演の強要だけではなく、私たちの身のまわりには、性暴力につながりかねないさまざまな問題があります。そのひとつが「JK（女子高生）ビジネス」です。

JK ビジネスには、女子高生が個室でマッサージなどをおこなう「JK リフレ」や、制服や水着姿の女子高生を撮影する「JK 撮影会」などがあります。健全な営業を装いながら、性的サービスを「裏オプション」として用意している場合もあり、児童買春や性的搾取（性的な目的で人を利用し、無理やり利益を得ること）の温床になっています。「若い女性の性」を売り物にする日本のいびつな性産業といえるでしょう。

そんなバイトをする女子高生が悪いんじゃないの？

いえいえ、必ずしもそうとはいえません。

　内閣府男女共同参画局の専門家委員会の報告によると、JKビジネスの被害者となる女子高生は、家庭や学校に「居場所」がなかったり、経済的困難を抱えていたり、中には発達障害や心身の障害などがある人も見られます。

　そんな状況で「お金を簡単にかせげる」とさそわれ、「居場所」を提供してもらえたらどうでしょうか？　生活を少しでも楽にしたい、自分の「居場所」がほしいと思う女の子は、さそいに乗ってしまうのではないでしょうか？

　また、被害者となった女の子は、自分がしていることが性暴力につながる危険性があるとは知らず、また、自己肯定感が低く自分の大切さをわかっていないため被害を受けてもがまんし、提供された「居場所」に頼ってしまいがちです。もし被害に気づいても「相談する方法を知らない」などが理由で救済に結びつきにくいのです。公的支援機関にも、思春期の女の子が抱える課題や不安な気持ちに対応できる相談窓口はそれほど多くはありません。

　JKビジネスにバイト感覚で関わったり、AVに出演したりする女の子を責めるのは簡単です。でも彼女たちが抱えている課題は一体何か、なぜ児童買春や性的搾取の温床のような環境に向かうのか……、あなたはどう思いますか？

まとめ

・気軽で高額なバイトだと思って受けたら、AV出演を強要されたり、JKビジネスで性的サービスを強要されたりするかもしれない。

・AVは出演契約に署名しても、契約解除をすることができる。

・JKビジネスに関わる女の子は、居場所を求めていたり、自己肯定感が低いことがある。公的支援機関にも、思春期の女の子が抱える課題や不安な気持ちに対応できる相談窓口はそれほど多くない。

教えて！
プラン先生

考えて
みよう

・友人から JK ビジネスと思われるバイトにさそわれたら、
あなたはどのように断りますか？ また友だちに JK ビジネ
スをやめるよう説得するとしたら、どのように伝えますか？

★31…内閣府男女共同参画局「『若年層を対象とした性暴力被害等の実態把握のためのインターネット調査』報告書」
（2017 年 2 月）7 -10 ページ。https://www.gender.go.jp/kaigi/senmon/boryoku/siryo/pdf/h28_jakunen_
report.pdf
★32…国際人権 NGO ヒューマンライツ・ナウ「日本 : 強要されるアダルトビデオ撮影　ポルノ・アダルトビデオ
産業が生み出す、女性・少女に対する人権侵害調査報告書」（2016 年）3 ページ。
https://hrn.or.jp/news/6600/
★33…特定非営利活動法人ぱっぷす「4 月 1 日からの『高校生 AV 出演解禁』を止めてください　18 ～ 19 歳の取
消権維持存続立法化の要望書」（2022 年 3 月 30 日）。https://www.paps.jp/single-post/mag121

タレントのAさん このごろひどい 言われようだね

たしかに……
以前の彼氏を捨てて
経営者と付き合ってるとか、
急にやせたのは
病気に違いないとか……

うわさ話をする人たちって
想像力が豊かだね
でも
「消えろ、顔も見たくない」
という暴言は
許されるものじゃないね

そんなひどいこと、面と
向かっては言えないはず

顔を合わせず
正体も明かさずに
発言できるネットだから
どんどん内容が
ひどくなるのかな

軽い気持ちで書き込んだ
こともず～っと残るし
人の心に与える
影響を考えないとね

オンライン・ハラスメントとは

　2020年5月、男女のリアルな恋愛模様をえがく（ように演出された）テレビ番組に出演していたプロレスラーの女性が亡くなったというニュースが流れました。番組内での女性の言動が演出であるにもかかわらず、視聴者から多数のひぼう中傷（根拠のない悪口を広め、人を傷つけること）コメントをSNSに投稿され、それを苦に命を絶ったと考えられています。

　この事件を受けて、日本でも「オンライン・ハラスメント」が知られるようになりました。オンライン・ハラスメントとは、インターネット上でおこなわれる、ストーキング（付きまとい）、いじめ、ハラスメント（嫌がらせ）、名誉きそん、ヘイトスピーチ（特定の民族や国籍の人に対する差別的言動）、搾取、虐待などの迷惑行為を指します。★34

　具体的には、SNSの投稿取り下げを強要する、「レイプするぞ」「暴力をふるうぞ」などのおどし、暴力的でセクシュアル・ハラスメントにあたる言葉を使う、不適切に加工された写真を投稿する、ポルノ画像を送りつけるなど、さまざまな例があります。

男の子より女の子の方が被害にあいやすい

　オンライン・ハラスメントは、男性ユーザーよりも女性ユーザーまたは女性とみなされたユーザーの方が被害を受けています。

　2020年にプランが、日本をふくむ世界31カ国で15〜25歳の若い女性1万4,000人以上に対しておこなった調査では、回答者の58％に「オンライン・ハラスメントを受けた経験」がありました。また、50％が「電車など公共の場でのちかんなどよりもオンライン・ハラスメントを受けることが多い」と回答しました。★35

　さらに調査では、黒人や少数民族出身、LGBTIQ+であるとよりインターネット上で攻撃を受けやすいことも明らかにしています。「若くて女性である」というだけで攻撃を受けるのに加え、人種や性自認なども組み合わさって、受ける嫌がらせ

はひどくなるのです。

　被害を受けた女の子たちは、自分が「危ない目にあうのでは」と不安を感じ（24%）、ハラスメントを受ける自分が悪いのではないかと自尊心や自信を失い（42%）、ときには精神的・感情的ストレスを感じ（42%）、学校でも問題を抱えるようになってしまう（18%）ことも指摘されています。

日本の女の子の状況

　プランのオンライン・ハラスメントに関する調査には、日本から 501 人の女の子が参加しました。★ 36　そのうち 93% が SNS を利用しており、「SNS で何らかの形でオンライン・ハラスメントを経験したことがある」と回答したのは 25%、「ほかの人が SNS 上でオンライン・ハラスメントを経験していることを見聞きしている」と回答したのは 39% でした。

　オンライン・ハラスメントとして多かったのが、「ののしり言葉および侮辱的な言葉」（65%）、「セクハラ」（61%）、「体型批判」（59%）、「意図的に恥をかかせること」（59%）でした。設問の回答にある 9 種類すべてのハラスメントを経験した

若年女性が受けるオンライン・ハラスメントの種類

オンライン・ハラスメントの種類	オンライン・ハラスメントを受けたまたは自分の周囲で受けたことがある人の割合（ときどき起きている・よく起きている・非常によく起きているの回答）
ののしり言葉および侮辱的な言葉	65%
セクハラ	61%
体型批判	59%
意図的に恥をかかせること	59%
人種差別的な発言	58%
ストーカー行為	53%
LGBTIQ+に対する否定的な発言	52%
「殴るぞ」「殺すぞ」などの、身体的暴力をふるうという脅迫	51%
「レイプするぞ」などの、性暴力をふるうという脅迫	42%

出典：公益財団法人プラン・インターナショナル・ジャパン「『女の子にオンライン上の自由を』日本版報告書」（2020年10月）。

人は 36％でした。

　人を精神的・身体的におびやかす行為なのに、日本ではオンライン・ハラスメントの加害者を罰したり、投稿を制約したりする法規制がありませんでした。しかし、冒頭の女性プロレスラーの事件をきっかけに、インターネット上でのひぼう中傷などに対する厳罰化が議論され、2022 年 7 月に「侮辱罪」に関する改正刑法が施行、これまで以上に刑が重くなりました。

オンライン・ハラスメントが引き起こすこと

　日本国内の調査では、オンライン・ハラスメントの加害者は「つながりのない人」（25％）、「知り合い」（23％）、「匿名の SNS ユーザー」（20％）でした。おどしや性的な発言、ののしりなど、さまざまな形のハラスメントにより、30％の人が「精神的・感情的ストレス」を感じていると回答しました。

　そしてその結果、「SNS の使用頻度を減らす」（19％）、「自分の意見を述べる投稿方法を変える」（17％）、「ハラスメントが起きた SNS の使用をやめる」（16％）、「自分の意見を述べる投稿をやめる」（15％）人もいました。

　SNS の利用をためらうことは、女の子がオンラインで学ぶ機会や、自分自身を自由に表現し、意見を表明する権利や、オンライン上の活動への参加機会を失うことにつながります。SNS は女の子の権利を行使し、政治や社会の変化を求めるために声を上げ、活動を展開するための大切なプラットフォーム（土台となるもの）です。

　第 3 章で述べる「#MeToo」運動はその一例です。また、セクシュアリティやフェミニズムなどについて家庭や学校では話しにくい女の子にとって、情報を収集したり、同じ考えを持つ仲間を集めるための大切な場でもあります。

　SNS でのひぼう中傷は、個人の意見や立場を表明する機会をうばうことにつながります。こうした嫌がらせは有名人ではなくても起こることで、私たちがある日突然、被害者になることもあるのです。

オンライン・ハラスメントを防ぐために

　SNS やインターネットのおかげで、女の子が同じような考えを持つ世界中の人々とつながり、例えば自分の身体に関する悩みや LGBTIQ+ など、地域や国によってタブーとされていて家族に知られたくないような話題についても情報交換をすることができます。女の子が「おかしい」と思うことに声を上げ、行動を起こすことを容易にする SNS は私たちの生活に不可欠です。だからこそ、つぎのような行動が求められます。

・知り合いや信頼できる人の投稿だからといって安易にリツイートしない。
・インターネットの記事は、その出典元や信ぴょう性を確認してから投稿する。
・特定の個人を攻撃するような投稿はしない。
・オンライン・ハラスメントと思われる攻撃を受けたり、見かけたりしたら、
　SNS 運用会社やプロバイダー会社に通報する。

教えて！
プラン先生

まとめ

・オンライン・ハラスメントとは、インターネット上でおこなわれる、ストーキング、いじめ、ハラスメント、名誉きそん、ヘイトスピーチ、搾取、虐待などすべての迷惑行為のこと。世界の女の子の6割がオンライン・ハラスメントの被害にあっている。
・オンライン・ハラスメントは男の子より女の子の方が被害を受けやすい。
・オンライン・ハラスメントは、情報収集や勉強する機会、意見を表明する権利をうばうことにつながる。

考えて
みよう

・オンライン・ハラスメントを防ぐために、自分でできることを考えてみましょう。

★34…公益財団法人プラン・インターナショナル・ジャパン「世界ガールズ・レポート『女の子にオンライン上の自由を』日本語概要」（2020年10月）。https://www.plan-international.jp/about/pdf/SOTWGR2020-ExecSummary-JPN.pdf

★35…同上。

★36…公益財団法人プラン・インターナショナル・ジャパン「『女の子にオンライン上の自由を』日本版報告書」（2020年10月）。https://www.plan-international.jp/about/pdf/2020_Freedom_Online_Japan_country_report.pdf

女の子の居場所をつくる

2020年にプランは、経済的な問題やメンタルヘルス、性と生殖に関わる課題、性暴力などに苦しむ日本の女の子たちを対象に「女の子のためのチャット相談」を始めました。

社会福祉士、精神保健福祉士、心理士、助産師などの相談相手はすべて女性で、匿名でもオンラインでも相談できるため、「さみしい」「誰かと話したい」「友だちやパートナー、家族とうまくいっていない」「SNSで嫌な目にあった」などの相談や、「性被害を受けた」など直接聞きにくい性に関する質問が寄せられています。

15～24歳の女の子は生きづらさを感じているだけでなく、思春期・青年期だからこその悩みは複雑です。

すべての女の子や女性が抱えるジェンダー不平等な状況に加え、学校でのいじめをふくむ友人関係の悩み、家庭内での虐待、買春・援助交際・AV出演強要、JKビジネスなど性産業への誘惑やドラッグ依存症、デートDVやレイプに関する相談、進学や就労など、思春期の女の子特有の課題に対応できる支援機関は非常に少ない状況です。特に18歳以上は成年年齢となり、児童福祉法の対象外となるために、行政の相談・支援が限定されます。

文部科学省の調査では、妊娠した女子高校生の約3割が自主退学をしていました。生徒や保護者が通学や休学を望んだにもかかわらず、学校が退学を勧めた例もあります。★37　高校中退は貧困の連鎖を引き起こす可能性もあり、妊娠・出産した思春期の女の子でも学び続けられるための適切なサポートが必要です。

生きづらさから自分の居場所を求めてJKビジネスなどの危険な性産業に足を踏み入れ、自分に自信がないためにパートナーから暴力を受けても「自分が悪い」と責めてしまうかもしれない……。

そんな女の子のためにも、オンラインでの相談や、安心して過ごせる居場所づくりは大切な取り組みです。

©プラン・インターナショナル

プランが運営している「わたカフェ」
（東京都豊島区）

★37…文部科学省「公立の高等学校（全日制及び定時制）における妊娠を理由とした退学に係る実態把握結果」（2018年3月29日）。https://www.mext.go.jp/a_menu/shotou/seitoshidou/__icsFiles/afieldfile/2018/11/16/1411217_001_1.pdf

第3章

世界の女の子が直面するジェンダー問題

女の子だから、10代で結婚させられる。

女の子だから、学校に行かせてもらえない。

女の子だから、生まれてさえこられないこともある。

女の子だから、泣きたいときに泣くことも、笑いたいときに笑うことも、怒りたいときに怒ることもできない。

「女の子だから」と言われ続ける女の子は、日本だけではなく世界にもたくさんいます。

第3章では世界の女の子を取り巻く現状に目を向けます。

①「女の子だから」認められなかった
たくさんの選択

教えて！
プラン先生

2020年に生まれた女の子は、1995年に生まれた女の子よりも平均約8年長生きする

国連が誕生して 50 周年にあたる 1995 年 9 月、中国の北京で開催された第 4 回世界女性会議（通称北京会議）は、あらゆる場所のすべての女性の平等、開発および平和の目標を推進することを目指し、「北京宣言」および「北京行動綱領」を採択しました。その宣言では、国際社会や各国政府が女の子の権利の向上に取り組む重要性もうたわれています。

それから 25 年が経った 2020 年、北京会議からの成果を振り返る取り組み「北京 +25」として、国連女性の地位委員会にて世界の女性がおかれた状況に対する評価や、国連総会にて北京会議 25 周年を記念する会合がおこなわれました。

2020 年の会議では、2020 年に生まれた女の子は 1995 年に生まれた女の子よりも平均で約 8 年長生きすると予測されました。★ 38　女の子は夢をかなえ、自分の人生を自分で決め、社会を変えていくための時間を増やすことができますが、国や地域によってその進み方には、ばらつきがあるとのことでした。

学ぶ機会をうばわれた女の子

小学校に通えない女の子は 1998 年には 6,500 万人でしたが、2018 年には 3,230 万人に半減しています。小学校に通えない男の子は、1998 年の 4,700 万人から 2,680 万人に減少しています。★ 39

この数字から、小学校に通えない女の子は男の子よりも 550 万人も多いことがわかります。男の子が小学校に通っている間に、女の子は水くみ、食事の支度、きょうだいの世話などの家事を任されるためです。西アフリカのブルキナファソでは、10 ～ 14 歳の女の子は同じ年齢の男の子よりも 1 週間で 21 時間かそれ以上の時間を家事労働に費やしていました。家事手伝いに時間を取られ、勉強をする時間がうばわれているのです。

その結果、多くの国で女の子の識字率は男の子より低くなっています。読み書きのできない 15 ～ 24 歳の女性の数は、1995 年から 2018 年にかけて 1 億人から

5,600万人へと減少しましたが、今なお若い女性の10人に1人が文字を読むことができません。文字が読めないと、将来結婚、妊娠したとしても、薬の飲み方が読めない、出産に必要な知識を持っていないなどの問題が生じます。そのため、死産の確率が高くなるなど次世代への影響も深刻です。

進学できたとしても職につながらない

　過去25年間で女の子が中学校に進学する割合は高まりました。1998年には中学校に進学できた女の子は2人に1人でしたが、現在は約3人に2人です。

　しかし、女の子が質の高い教育を受けているわけではありません。女の子の大半が、現在の労働市場やギグワーカー（インターネットなどで単発の仕事を受けて働くこと）に必要な技術やコミュニケーション能力を習っておらず、男の子に比べてパソコンやスマートフォンなどを使う割合も低いため、就職に必要なスキルを習得できていません。

　世界では、15〜19歳の女の子の約4人に1人は無職で、教育も訓練も受けていない状態です。これと対照的に、無職で教育も訓練も受けていない同年代の男の子は10人に1人です。このことが、女の子が勉強や就労を希望しても、「若いうちに結婚、出産し、家事や介護を負担する」という社会的期待や労働市場でのジェンダーに基づく偏見によって、学校に通いたくても通い続けられない、働きたくても働けない状況を生み出しているのです。

無償ケア労働が女の子の自立をさまたげる

　「若いうちに結婚して子どもを持ち、家事や介護などのケア労働を負担する」という女の子への社会的期待は、無事に学校に通うことができた後も女の子の将来をしばりつけます。

　家庭や社会で女性の地位が低く、女性が働くことを認めない社会もあります。そうした地域では、女性は無償ケア労働にたずさわり、農地や家畜などの生産資源を

相続・所有できない場合が多く、家庭内での発言権は弱まります。また、スキルを習得し能力を高める機会がないため、社会的、経済的な自立もしにくいのです。

　ジェンダー不平等は途上国だけの話ではありません。先進国でも、2020年に新型コロナウイルス感染症（COVID-19）によるパンデミック（世界的大流行）が起きたとき、無償ケア労働の問題が起こりました。ロックダウン（都市封鎖）で在宅するしかなかった女性の多くが仕事をあきらめ、学校閉鎖中の子どもや、デイケアに通えない高齢者の面倒を見ることになったのです。パンデミックは、これまで進んでいた女性の社会進出を止め、さらには後退させる要因ともなりました。

　世界のどの地域でも、一日の平均労働時間は女性の方が長いといわれています。国際NGOオックスファムによると、不平等の主な要因となる無報酬の労働、つまり家事、介護、他人の世話の4分の3を女性が担い、報酬があっても多くの場合低収入となる介護労働の3分の2を担っています。このことが世界経済に貢献し、富裕層の繁栄を可能にしてきました。★40　豊かな人々の生活を支えてきたのは、本来受け取るべき報酬を得ていない人々による育児・介護といった仕事であり、その多くを女性が担ってきたのです。

女性が夜道を歩けない世界？

　プランが呼びかけて実施された、各国のSDGsの進み具合をジェンダー平等の観点から調べた「イコール・メジャーズ2030」では、夜の公共の場での安全性に関する女性の認識（目標16）が調査対象になっています。★41

　「夜に安全に出歩くことができる」と答えた15歳以上の女性の割合は2006年には52.6％でしたが、2018年は55.1％と横ばい状況でした。報告書では、もしこのペースが続くのであれば、すべての女の子と女性が安全に夜道を歩けるようになるには、150年以上かかると推定しています。

　女の子を取り巻く環境は、1995年の北京会議から25年を経て着実に改善されてきました。結婚し母親になる女の子は減り、学校に通って読み書きができる女の子が増え、就職に必要なスキルを身につけています。

　しかし、女の子であるというだけで学ぶ機会や働く機会をうばわれた女の子や女

性はまだまだ大勢います。学んだとしても就職に必要なスキルを身につけられず、就職そのものができない場合もあります。さらに、公共の場所を歩くのに身の安全すら感じられない女性もたくさんいます。

まとめ

・1995年に開催された北京会議から25年経った2020年、女の子を取り巻く状況は改善されたがまだ課題は残る。
・女の子は男の子に比べて進学率や識字率が低い。そのためにコミュニケーションを取りにくくなり、文字が読めないために身の危険にさらされることもある。
・途上国でも先進国でも無償ケア労働に従事するのは女性が多い。女性の労働時間は男性より長いが、収入は低い。
・女性が公共の場で身の危険を感じずに過ごせるようになるには、あと150年以上かかるとされる。

**考えて
みよう**

・夜道を安全に歩けないと思っている人は世界中にいます。夜道を歩いていることで生じる危険は何だと思いますか？3つ挙げてみましょう。

★38…UNICEF, Girls spend 160 million more hours than boys doing household chores everyday, https://www.unicef.org/press-releases/girls-spend-160-million-more-hours-boys-doing-household-chores-everyday
★39…UNESCO Institute for Statistics, Literacy Rates Continue to Rise from One Generation to the Next, http://uis.unesco.org/sites/default/files/documents/fs45-literacy-rates-continue-rise-generation-to-next-en-2017.pdf
★40…OXFAM, The Inequality Virus, January 2021, https://www.oxfam.org/en/research/inequality-virus
★41…公益財団法人プラン・インターナショナル・ジャパン「Bending the Curve Towards Gender Equality by 2030 日本語版」(2020年)。https://www.plan-international.jp/about/pdf/EM2030_Bending_The_Curve_JP.pdf

早すぎる結婚（児童婚）とは

　「早すぎる結婚」（児童婚）は、当事者の少なくとも一方が18歳未満で結婚することです。

　子どもの人権侵害である早すぎる結婚は、世界のさまざまな国や地域にありますが、中でも南アジアやサハラ以南のアフリカで多く見られます。若くして結婚した女の子のほとんどは、学校をやめて家事に追われ、自立の機会を失います。家庭内で虐待を受けることも多く、心身に深刻な悪影響を負ってしまいます。

　早すぎる結婚には、法律上の結婚ではない事実婚もふくまれます。また、少数民族については国のデータに反映されない場合もあり、かくれた問題になっています。途上国では約3人に1人の女の子が18歳未満で結婚していますが、早すぎる結婚には大きく4つの問題があります（下表参照）。

貧困に苦しむ親たちに、娘を結婚させてお金を得るのではなく、学校に通わせるよう呼びかけているポスター（アフリカ、マリ）

早すぎる結婚の4つの問題 ★42

1. 教育の機会をうばう	女の子たちは家事のすべてを担わされることが多く、学校を中途退学するリスクも高まります。自分が望む生活を選び、収入を得る機会を失うことにつながります。
2.「早すぎる妊娠」の危険	体が未発達な状態で「早すぎる妊娠・出産」をするため、女の子本人と子どもに深刻な身体的ダメージを与えます。健康がそこなわれ、命を落とす危険もあります。また、現代的な避妊法を利用する可能性が低いため、早期妊娠や望まない妊娠、STI（性感染症）、HIVのリスクが高まるといわれます。
3. 配偶者による暴力・虐待	幼い妻は家庭内での地位が低く発言権がありません。夫やその家族から、虐待や暴力を受けることも多く見られます。
4. 自立の機会の制限	早すぎる結婚をした女の子たちの多くが学校に通うことを中断し、教育水準が低い傾向にあります。経済的に自立していない女の子たちは、家庭での発言権や決定権がなく、社会参加の機会も限られてしまいます。

「先生になりたい」「お医者さんになってみんなを助ける」……早すぎる結婚によって、こんな未来がすべてうばわれるのです。

慣習だけではない、早すぎる結婚の背景

早すぎる結婚の背景にはさまざまな問題があります。

1つ目の要因は貧困です。女の子は社会的地位が低く収入を得ることができないと思われているため、生活に困っている家庭などでは花嫁持参金が少なくてすむ幼いうちに結婚させられるのです。

また、不十分な法律も問題です。国や地域によって婚姻年齢を定めた法律はまちまちで、幼い年齢であっても結婚が可能になることもあります。

さらに、伝統や慣習、理解不足も早すぎる結婚の原因です。18歳未満で結婚することが「当たり前」とされる地域では、友だちが次々と結婚するのを見て「そういうものだ」と思う女の子もいるかもしれません。地域によっては結婚する前に恋人がいることを「家族の恥」だと考えることもあります。あるいは、幼い女の子との結婚が男性の健康や長寿に良いと考え、強引に連れ去る地域もあります。このような危険をさけるために女の子を結婚させる場合もあるのです。

共通する問題点は、早すぎる結婚が女の子の心身に与える悪影響を、周囲の大人、そして女の子たち自身も理解していないことです。親や地域・宗教リーダーたちが、女の子たちの意思を無視して早すぎる結婚を強制することはあってはなりません。

フィリピンの早すぎる結婚 ★43

プランは、2019年にフィリピン南部のムスリム・ミンダナオ・バンサモロ自治地域で、早すぎる結婚についての調査をおこないました。同地域はフィリピン国内でももっとも貧しい地域のひとつです。フィリピンで結婚できる最低年齢は18歳ですが、住民の大半がイスラム教徒のこの地域では、地域内で適用されているイスラム個人法に基づき、保護者がシャリーア（イスラム法）地方裁判所を通じて願い

出れば、12 歳の女の子でも結婚できるのです。両親が結婚を決めることが多く、新郎が 17 歳、新婦が 15 歳という例もあります。

「私は 13 歳です。私は学校に行っている間に、勝手に結婚が決まっていました。家に帰ると見知らぬ人たちに、母がお金や品物を渡していました。『何をしているの？』と母にたずねると、母は『借金を返すため』と言っていたけれど、実際は私のダウリー（結婚持参金）でした。

いよいよ結婚式の日。こんなに若くして結婚することが受け入れられず、写真撮影のときも涙が止まりませんでした。結婚してからも、夫の存在を受け入れることができませんでした。なぜなら、年上の夫は以前から私に好意を持っていて、私を手に入れるために私のふしだらなうわさを流し、うわさを打ち消すために結婚せざるを得ない方法を使ったのです。

うわさを理由にいじめや嫌がらせを受けて学校を中退せざるを得なくなり、義理の両親、夫のきょうだいからばかにされ、辛い毎日です」

（フィリピンの女の子）

早すぎる結婚の防止に向けて

早すぎる結婚から子どもたちを守るためには、①早すぎる結婚がもたらす害について大人が理解すること、②本人たちが声を上げられるようにすること、そして③子どもたちが 18 歳まで学校に通い続けることの 3 つが重要です。

課題の解決には法改正といった国全体の理解も必要です。政治家や行政官、警察などさまざまな人々を巻き込み、自分たちの問題として話し合い、互いに見守り合い、意識を変えていきます。

早すぎる結婚の問題は、女の子だけでなく、男の子も積極的に行動する必要があります。コミュニティ全体で早すぎる結婚を理解し、活動を通じて仲間をつくり、希望と自信を育て、自尊心を高めていくことが必要です。

　しかし、ここ数年、新型コロナウイルス感染症の影響で、多くの地域で「早すぎる結婚」防止への取り組みが中断しています。今後10年で1,300万人の女の子が「早すぎる結婚」をさせられるといわれています。

　このような慣習を変えることは、とても難しいことです。1人でも多くの女の子に明るい未来が届くよう、さまざまな立場の人々との対話などから理解を深め、社会全体で協力し合う取り組みが必要です。

まとめ

- 早すぎる結婚とは、結婚する2人のどちらかが18歳未満の結婚をいう。
- 早すぎる結婚は教育の機会をうばい、「早すぎる妊娠」の危険、配偶者による暴力・虐待、自立の機会の制限といった危険を女の子にもたらす。
- 早すぎる結婚から子どもたちを守るためには、大人の理解、本人たちが声を上げられるようにすること、そして子どもたちが18歳まで学校に通い続けること、の3つが重要。

**考えて
みよう**

- 早すぎる結婚をさせられる女の子から、あなたに「助けてください」とSOSが届いたら、あなたはどうしますか？
- 早すぎる結婚をなくすために、あなたができることはありますか？

★42…Marrying Too Young（UNFPA, 2012）https://www.unfpa.org/sites/default/files/pub-pdf/MarryingTooYoung.pdf

★43…公益財団法人プラン・インターナショナル・ジャパン「私たちの声　私たちの未来」（2022年）。https://www.plan-international.jp/about/pdf/2208_Our_Voices_Our_Future_JP.pdf

気候さえも世界の女の子たちを苦しめる要因になっているんだよ

そうなの？

たとえば気候変動によって洪水などの災害が起きたとする

避難場所に逃げたとしてそこで普段どおりの生活ができる？

うーん難しいね

でもそれは女の子に限らないんじゃない？

避難所では女の子や若い女性は

妊娠・出産後のケアのような重要な保健サービスを受けられなかったり

栄養不良になってしまったり

人身取引や性暴力のターゲットになったり

災害から逃れるために避難してきたのに？

ひどい！

ニュースでは見えてこないけど女の子だけが受ける影響ってけっこうあるんだよね

教えて！
プラン先生

気候危機が生み出す気候難民

　近年、気候変動による温暖化やそれにともなう災害が世界各国で多発しています。世界銀行は 2021 年に出した報告書「大きなうねり」の中で、気候変動がもたらす豪雨や干ばつ、砂漠化、環境劣化、海面上昇やサイクロンといった災害によって、2050 年には世界の 2 億 1,600 万人が住み慣れた土地を捨て、移住せざるを得ないだろうと発表しました。移住者がもっとも多いのがサハラ砂漠より南に位置するサブサハラ・アフリカ地域で、8,600 万人になると推測されています。★ 44

　「2050 年だから、まだまだ先のことでしょう？」と思っていませんか？

　国連難民高等弁務官事務所（UNHCR）は、気候が引き起こす災害によって、すでに年間平均 2,000 万人以上の避難民が発生していると推測しています。紛争や迫害を理由に国内外へ避難している難民や国内避難民の多くが、気象災害の発生に対応できるインフラや居住環境が整っていない国や地域で暮らしていて、気象災害が起こるとさらなる困難に見まわれるおそれがあります。気候変動や気象災害から逃れるために国境を越えて避難する人々もおり、今後国際社会でこれらの「気候難民」をどう保護できるか議論が必要だといわれています。★ 45

気候危機が引き起こす食料危機

　気候危機はさまざまな危機を引き起こします。そのうちのひとつが食料危機です。

　2022 年、「アフリカの角」と呼ばれるアフリカ東部では、本来なら恵みの雨が降るはずの雨季に雨が不十分だった年が続き、過去 40 年間で最悪と呼ばれる干ばつに見まわれました。ケニア、ソマリア、エチオピアは、深刻な水不足やロシアのウクライナ侵攻による世界的な食料価格の上昇、干ばつにともなう農作物の収穫量の低下、家畜の死亡によって食料不安が高まりました。

　食料危機の影響をもっとも受けるのは子ども、とりわけ女の子です。

　食料不足に苦しむ家族の中でも、女の子は食事を最後に与えられることが多く、最初に栄養不良におちいるという不平等に直面しています。そのうえ、女の子は両

親の仕事や食料調達の間、きょうだいの世話を求められ、やむを得ず学校を休んだり中途退学したりします。その結果、女の子の教育は後回しとなり、教育における男女格差が広がりやすくなります。

　また、食料危機はジェンダーに基づく暴力、性的虐待のリスクを高めるおそれがあります。水くみは女性や女の子の仕事とされやすいのですが、水を得るためにこれまでよりも長い距離を歩かなければなりません。遠くまで歩く中で、女の子や女性は性暴力を受けることもあります。また、食いぶちを減らすために女の子を早く結婚させようとする動きが増え、学校を中途退学し、教育を受けることをあきらめざるを得なくなります。

　苦労して得た水は、まずは飲用や料理用にされます。すると、清潔を保つための水が足りず、皮ふや目の感染症のリスクが高まります。さらに、保健施設や学校での感染予防や管理にも水不足が影響し、子どもや妊婦など弱い立場の人々への治療の質が悪化します。

気候危機・食料危機から女の子を守るために

　気象災害は、私たちや世界中の女の子の生活をおびやかすだけではなく、早すぎる結婚や性暴力、教育の断念など、女の子の将来に大きな影響を与えます。

　食料危機は危機におちいっている地域や国だけでは決して解決できません。国際機関や支援国からの援助と、もっとも困難な状況に置かれている人々への適切な支援が必要です。とりわけ子どもや女性だけの家庭、幼い子どものいる家庭、避難民など、もっとも影響を受けやすい人々や家族のために、ジェンダーを考慮した無条件な社会保護や所得支援策を強化・拡大することが必要です。

　プランでは、国連機関や人道支援機関と連携し、深刻な食料危機に苦しむ国々で、食料や栄養補助食品の支給、現金および食料バウチャー（引換券）の支給、学校給食、栄養スクリーニング、種子やその他の農業投入物の提供などの支援を展開しています。

まとめ

・気候変動はとりわけ女の子や若い女性を危機におとしいれる。災害から逃れ、避難所に避難できたとしても、女の子や若い女性は、妊娠・出産後のケアのような重要な保健サービスを受けられなかったり、栄養不良になってしまったり、人身取引や性暴力などの人権侵害のターゲットになることもある。

・気候変動は食料危機を引き起こしている。食料不足が深刻な国では男の子の後に女の子が食事をとることが多いため、女の子の方が栄養不良になりやすい。

・気候変動対策や飢餓対策では、ジェンダーを考慮した計画を立てる必要がある。

**考えて
みよう**

・気候変動によって学校に通うことができない女の子たちは世界中にいます。その子たちは通学したとしても、さまざまな危険にさらされています。通学途中で起こるかもしれない「危険」とは何でしょうか？　3つ挙げましょう。

★44…世界銀行「プレスリリース　気候変動により2050年までに2億1,600万人が国内移住を余儀なくされる恐れ」2021年9月13日。https://bit.ly/3qtOEXA

★45…UNHCR駐日事務所、「気候変動と強制移動」https://www.unhcr.org/jp/climate-change-and-disasters

世界中で起きている女の子への暴力

—— 2020 年プランレポートから ——

　世界には「女の子だから」という理由でおこなわれるさまざまな形の暴力があります。これらの暴力は何であれ、決して許されるものではありません。

男児選好　★46

　ジェンダーに基づく暴力は胎児のときから始まります。少子化が進む中で男の子が好まれるようになり、出生前の性別判定が可能になったことで、東アジア、太平洋、ヨーロッパ、中央アジア、南アジア地域の一部の国々では、生まれてくる赤ちゃんの性別の割合が不均衡です。

　インドでは、生まれてくる赤ちゃんの性別を選ぶために人工妊娠中絶をすることが1994 年に禁止されました。出生時の性比（男女の割合）は本来、女児 100 人に対し男児 103 〜 107 人ですが、過去約 15 年間にわたり女性 100 人に対して男性 110 人

出生時の不均衡な性別割合（1970〜2020年）

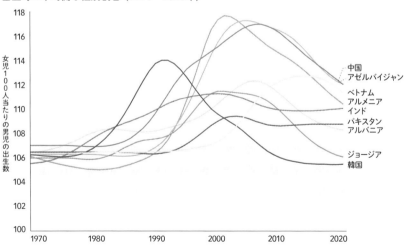

出典：公益財団法人プラン・インターナショナル・ジャパン『A New Era for Girls 女の子のための新時代：25年間の進歩をたどる』(2020年)。https://www.plan-international.jp/about/pdf/2008_ANewEraForGirls_jp.pdf

とつり合いが取れていない状況が続いています。韓国では、性別選択のための人工妊娠中絶を罰する法律が強化されたことで、生まれてくる赤ちゃんの男女比は均一になりつつあります。

女性性器切除（FGM） ★47

女性性器切除（female genital mutilation、以下FGM）はアフリカを中心に約2000年前からおこなわれている慣習で、女性の外部生殖器を部分的にまたは全体的に切り落とすことです。アフリカ・中東・アジアの一部の国々でおこなわれており、世界30カ国で少なくとも2億人の女の子と女性が経験しています。大人の女性になるために必要なこととされ、結婚の条件になっている地域もあります。しかし医学的な根拠はまったくなく、施術を受けた女の子は一生健康被害に苦しむことになります。

女性性器切除撲滅を呼びかけるメッセージを手にする女の子（ケニア）

現在、アフリカの20カ国以上でFGMは法律で

女性性器切除を無くすために活動する女の子たち（ギニア）

禁止されており、罰則をふくむ刑法へと改正する国も増えています。それなのに、法律よりも地域の慣習が優先されたり、通報ルートがないためにかくれて施術がおこなわれたり、禁止されていること自体を人々が知らないという例もあります。その結果、実施国とされる 31 カ国では 15 〜 19 歳の女の子の 3 人に 1 人が FGM の被害にあっており、2030 年までの 10 年間で FGM を受ける女の子が約 7,000 万人に上ると試算されています。

人身取引・性的搾取

　国連児童基金（ユニセフ）は、18 歳未満の 1 億 5,000 万人の女の子と 7,300 万人の男の子が、強制的な性交あるいは身体的な接触をふくむさまざまな性的暴力と性的搾取の被害者になっていると推定しています。毎年、約 100 万人の子どもたちが商業的性的搾取（お金やものと引き換えに性的行為を強要されること）の新たな被害者になっているといわれています。★ 48

　国際労働機関（ILO）は、「子どもの商業的性的搾取は最悪の形態の児童労働のひとつであり」「人間の尊厳並びに児童及び青少年の権利に対する忌むべき侵害、そして奴隷労働や強制労働に等しい経済的搾取の一形態」であると指摘しています。★ 49

　また、性的搾取と強制労働、偽装結婚、強制結婚、ポルノ制作といった目的による人身取引も世界各地で報告されています。★ 50　2012 年から 2014 年の間に、世界

人身取引・性産業に
従事させられている
女の子（ウガンダ）

児童労働・タバコ巻きの作業を強いられている女の子たち（インド）

106 カ国で 6 万 3,251 人の人身取引被害者が確認され、そのうち 25 ～ 30％ が子どもでした。被害者の多くは女性または女の子で、2014 年に世界 85 カ国で確認された被害者 1 万 7,752 人のうち約 71％ をしめていました。

名誉殺人

　家族内の女性が、家族が決めた結婚を拒否したり、親の認めていない男性と付き合ったり、性的暴行の被害を受けるなど「家の名誉をけがした」と家族が考える行動をしたり、うわさされたときに、親や兄弟、親族によって家族の名誉を守るために殺されることです。中東やアフリカ、南アジアなどで起こっており、国連は推計年間 5,000 人の女性が犠牲になっていると発表しています。★ 51　中東ヨルダンの小さな村で暮らす 17 歳のスアドさんは、家族に内緒で男性と付き合い、妊娠しました。そのことが「家族の名誉をけがした」として義理の兄から火あぶりにされました。その後、奇跡的に命が助かった彼女は 20 回の手術を経て、現在ヨーロッパで暮らしていますが、今なお顔や本名を公表していません。★ 52

スアド
『生きながら火に焼かれて』
（2004年、ソニーマガジンズ）

★46…公益財団法人プラン・インターナショナル・ジャパン『A New Era for Girls　女の子のための新時代：25年間の進歩をたどる』（2020年）。https://www.plan-international.jp/about/pdf/2008_ANewEraForGirls_jp.pdf

★47…公益財団法人プラン・インターナショナル・ジャパンのホームページより引用。https://www.plan-international.jp

★48…公益財団法人日本ユニセフ協会「子どもの商業的性的搾取」https://www.unicef.or.jp/about_unicef/about_act04_08.html

★49…ILO駐日事務所「子どもの商業的性的搾取に対するマダガスカルの取り組み」https://www.ilo.org/tokyo/information/pr/WCMS_301003/lang--ja/index.htm

★50…公益財団法人日本ユニセフ協会「子どもの人身売買」https://www.unicef.or.jp/about_unicef/about_act04_06.html

★51…Amnesty International, "THE HORROR OF 'HONOR KILLINGS', EVEN IN US", April 10, 2012. https://www.amnestyusa.org/the-horror-of-honor-killings-even-in-us/

★52…スアド著、松本百合子訳『生きながら火に焼かれて』（ソニーマガジンズ、2004年）

ジェンダーフリーな 社会をつくろう

私たちには、怒り、声を上げる権利があります。私たちの社会はもっと自由で、もっと一人ひとりの希望が尊重されるべきです。そんな社会を実現するためにはどうしたらよいのか？

第4章では、私たちをしばりつけてきたジェンダーによる思い込み、見えない社会の決まりごとをうちくだくための道しるべを紹介します。

①女の子の権利を理解しよう

この間ママと話していたらむかし中学や高校では家庭科は女の子だけの授業だったんだって

そうだよ1994年から高校で男女ともに必修になったんだ

1994

結婚できる年齢も男女で差があったんだって

そうだよ

でも、それを「おかしい」と思って声に出し問題にした人たちがいるから、法律などが変えられてきたんだ

おかしいと思ったことには声を上げる……

ねえそっちの方が大きくない？

（やきいも）

人権と権利

「人権」という言葉を聞いたことはありますか？

自分の考えを述べること。好きな音楽を聞いたり、好きな格好をすること。勉強をすること、自分の好きな人と結婚すること。なりたい職業につくこと。病気になったときに必要な治療を受けること。自分が選んだ宗教を信仰すること。政府のおこなっていることが「おかしい」と思ったら声に出して批判すること。これらは私たち一人ひとりが持っている「人権」です。

これらの「人権」は、憲法で「権利」として保障されています。イギリスの辞書「Oxford Languages」では「権利」について、少し難しいですが、「ある物事をする（しない）という決定を、自分の意志で自由におこなったり、他人に要求することができる資格や能力のこと」としています。

ここで大切なのは、この「権利」を行使することを誰かに「要求できる」ことです。

たとえば日本国憲法第 26 条では「教育を受ける権利」について、子どもには教育を受ける権利があり、その権利を保障するために、保護者は子どもを学校に通わせる義務を負うことを表しています。権利を行使するために「保護者や社会、国」に対して必要な政策を要求できる、これが権利の持つ意味です。

国籍や性別、出身にかかわらず、誰もが平等に人権を持っています。人権をどのように守り、そして権利を要求できるかについて、国家間の合意をまとめた文書が人権条約です。女の子の権利に関わる合意をまとめた条約には、世界人権宣言、国連人権規約、女性差別撤廃条約、拷問等禁止条約、子どもの権利条約などがあります（127 ページ、巻末資料参照）。

日本ではどのように女の子の権利が守られているの？

日本では、締結された条約を国内に適用するために必要な法律の制定や修正をおこなってきました。

1985 年の女性差別撤廃条約の批准に向けて、「国籍法」など 3 つの法制度が改正

されています。★53　そのうちのひとつが、学校における「家庭科」の取り扱いです。高校の学習指導要領では「男女の特性を考慮して」、女の子のみ「家庭一般」という科目が必修とされ、その分男の子には体育が4単位多く組み込まれていました。これは男女差別であるとみなされ、1989年に高校の学習指導要領が改定され、男女ともに家庭科が必修となりました（1994年実施）。

　もうひとつが雇用における男女差別の問題です。1985年5月17日に成立（1986年施行）した「雇用の分野における男女の均等な機会及び待遇の確保等に関する法律（男女雇用機会均等法）」では、募集、採用、昇進など雇用のさまざまな場面で、女性を男性と均等に取り扱う「努力義務」が定められました。職場での教育訓練や福利厚生、定年・退職・解雇における女性に対する差別が禁止されました。

　2000年にはジェンダー平等な社会を目指し、国の基本理念と政策を定める男女共同参画社会基本法が制定されました。同法に基づき5年ごとに男女共同参画基本計画が策定され、国内のジェンダー平等を推し進めています。

国際社会が日本のジェンダー平等の達成度を「チェック」している

　条約に批准（または加入）することは、国内法の改正や立法につながるだけではありません。

　毎年ニューヨークで開催される女性差別撤廃委員会では、加盟国が提出する「条約達成のための国内での進捗状況に関する報告書」が審査されます。これまで日本政府は合計9回、この報告書を提出してきました。委員会で報告書が審議され、必要に応じて各国に「勧告」という形で法律をつくることや法改正をふくめた対策が求められます。

　日本政府はこれらの勧告を受けて、以下の法改正などをおこなっています。

日本の法改正の動き

2013年12月	民法を改正し、嫡出でない子には2分の1の相続しか認められなかったのを同等に相続できることとなった。
2016年6月	民法を改正し、女性の再婚禁止期間が6カ月から100日に短縮。
2022年4月	民法を改正して婚姻ができる年齢を男女共に18歳と規定。

　人権は私たち一人ひとりが生まれたときから持っている大切な権利です。そして人権はジェンダーによって不平等な扱いを受けたり、保障が認められなかったりしてはいけません。

　みなさん一人ひとりが持つ権利は、誰もゆがめたりせばめたりできないということを忘れないでください。

まとめ

- 人権（権利）とは、ある行動をする、しないという決定を、自分の意志で自由におこなったり、他人に要求することができる資格や能力のこと。
- 日本では女性差別撤廃条約を批准するときに、これまで女の子だけが受けていた「家庭科」の授業を男女ともに受けるなど、いくつか制度変更をおこなってきた。
- 国際機関が日本の人権状況をチェックし、必要に応じて改正を要求する。日本政府は、それに応じて法改正などおこなってきた。

**考えて
みよう**

- 女の子の権利を守る条約には、何があるでしょうか？　インターネットで調べてみましょう。

★53…山下泰子「女性差別撤廃条約と日本」『文京学院大学外国語学部文京学院短期大学紀要』第9号（2009年）、13-33ページ。https://www.u-bunkyo.ac.jp/center/library/image/fsell2009_013-033.pdf

最近、ある女性タレントが産後2カ月で仕事に復帰したんだけどこの書き込み、ひどくない？

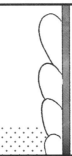

◯◯◯△□
2カ月で保育所に預けるの、かわいそう

⭐ △◯□△
この人の子どもでなくてよかったです

❌ ◯。□□
生活のために仕事が必要ってわけでもあるまいし

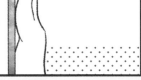

2カ月で 復帰

同じ2カ月の子どもを持つパパが仕事復帰してもこんなことは言われないよ

そうよね
仕事をしたい理由や状況は人によって違うはずなのに

仕事をがんばることでまわりの人の理解や応援も得られると思うよ

94

教えて！
プラン先生

「男は仕事、女は家庭」の意識の変化

　2019年に内閣府が18歳以上の5,000人を対象におこなった「男女共同参画社会に関する世論調査」では、「夫は外で働き、妻は家庭を守るべきである」という考え方について質問しています。★54 「賛成」と答えた人が35.0％（「賛成」7.5％・「どちらかといえば賛成」27.5％）、「反対」と答えた人が59.8％（「どちらかといえば反対」36.6％・「反対」23.2％）という結果でした。

　40年間にわたるデータから「男性が仕事をして女性は家庭を守る」というこれまで固定化された考えは、変わってきていることがわかります。初めてこの設問をした1979年には「夫が外で働き、妻は家庭を守るべき」という考え方に賛成と回答した人が72.6％（「賛成」31.8％＋「どちらかといえば賛成」40.8％）だったことを考えると、私たちの認識は大きく変化しました。

「夫は外で働き、妻は家庭を守るべきである」という考え方に対する意識

調査	賛成	どちらかといえば賛成	わからない	どちらかといえば反対	反対
1979(昭和54)年5月調査	31.8	40.8	7	16.1	4.3
2002(平成14)年7月調査	14.8	32.1	6.1	27	20
2004(平成16)年11月調査	12.7	32.5	5.9	27.4	21.5
2007(平成19)年8月調査	13.8	31	3.1	28.7	23.4
2009(平成21)年10月調査	10.6	30.7	3.6	31.3	23.8
2012(平成24)年10月調査	12.9	38.7	3.3	27.9	17.2
2014(平成26)年8月調査	12.5	32.1	6	33.3	16.1
2016(平成28)年9月調査	8.8	31.7	5.2	34.8	19.5
2019(令和元)年9月調査	7.5	27.5	5.2	36.6	23.2

凡例：賛成　どちらかといえば賛成　わからない　どちらかといえば反対　反対

（内閣府世論調査よりプラン作成）

女性が働き続けるためにするべきこと

2019 年の調査では、女性が仕事を続けることについても質問しています。

「子どもができても、ずっと職業を続ける方がよい」と答えた人がもっとも多く 61％、その次は「子どもができたら職業をやめ、大きくなったら再び職業をもつ方がよい」で 20.3％でした。「女性は職業をもたない方がよい」との回答は 3.9％にとどまります。

2016 年におこなわれた調査と比べると、「子どもができても、ずっと職業を続ける方がよい」と答えた人の割合が 54.2％から 61％に上昇し、「子どもができたら職業をやめ、大きくなったら再び職業をもつ方がよい」と答えた人の割合が 26.3％から 20.3％へと低下していました。性別や年代別の回答を見ても「子どもができても、ずっと職業を続ける方がよい」という考えが広まっていることから、性別にかかわらず働き続けることを理想とする考えが広まりつつあることがわかります。

しかし、それでも、女性が仕事を続けるのは難しいのが現実です。

2022 年 5 月に内閣府男女共同参画局が発表した「女性活躍・男女共同参画の重点方針 2022（女性版骨太の方針 2022）」では、女性の経済的自立がジェンダー平等を達成するためのカギであるとしています。★ 55　そして女性が自由に働き、収入を得るためには、これまで女性をしばりつけ、自由な行動をさまたげてきた、「女だから」「女のくせに」という性別役割分担意識や無意識の思い込み（アンコンシャス・バイアス）を解消する必要があるとしています。具体的には、学校や職場での研修を通じたジェンダー平等への理解が必要です。

行政による啓発はもちろんのこと、私たち一人ひとりが問題をきちんと理解し、対応することで、無意識の思い込みを打ち破ることができます。

自治体の具体的な取り組み

　全国の市区町村で初めてジェンダーギャップ解消戦略を策定した自治体は、兵庫県豊岡市です。★ 56

　2021 年 3 月に「豊岡市ジェンダーギャップ解消戦略」を策定した豊岡市では、まち全体のジェンダーギャップを解消するための取り組みを官民一体となって、職場を切り口に進めています。具体的には 2018 年に「豊岡市ワークイノベーション推進会議」を設立しました。市内の 16 の事業所が集まって始まったこの取り組みは、2023 年 3 月 31 日現在で 89 の事業所が参加し、女性が働きたい仕事・職場へと変わるための課題や各事業所の取り組みを共有したり、改善策を議論したりしています。

　さらに豊岡市は、「女性にとっても働きやすさや働きがいなどが高い水準に達している」市内の事業者を表彰する「豊岡市ワークイノベーション表彰（あんしんカンパニー）」制度を導入。「働きやすい職場だと評価している」「働きがいのある職場だと評価している」などの項目について従業員の 3 分の 2 以上の評価が得られているかどうか、有給休暇・育児休業等の取得状況などの基準を満たした企業を表彰しています。この制度は従業員が働きやすい職場づくりを進めるほか、企業にとっても人材募集の際に積極的に PR することで、より多くの社員を集めることができるというメリットがあります。

　また、2019 年 5 月には、豊岡市と厚生労働省兵庫労働局、豊岡市ワークイノベーション推進会議で「豊岡市女性の就労に関する協定」を締結しました。雇用保険法育児休業給付件数を年間男女 140 人にすることや、ハローワークでの女性就職件数を年間 1,000 件にすることなどを目指し、取り組んでいこうとする内容です。

　そのほか、「男は仕事で女は家庭」という思い込みを解消するための啓発ツールを作成したり、子育て中だけど働きたいという女性を対象に、就職セミナーやパソコンやスマートフォンを使ったデジタルマーケティングについて学ぶ講習会を開催するなど、女性が働き続けることのできる環境づくりに取り組んでいます。

　私たちの社会は、性別に対する思い込みで、職場や学校、地域社会もしばられてきました。

一歩ずつですが、社会が変わりつつあります。思い込みを変え、制度を変えることですべての人が活躍できる社会をつくることが可能なことを豊岡市の試みは示しています。

まとめ

- ・「男は仕事、女は家庭」という意識は年々変化し、反対する人は男女ともに増えている。
- ・「子どもがいても、ずっと仕事を続ける方がよい」と答えた人は増えているが、女性が継続して働き続けるのには、職場の環境整備や無意識の思い込みを解消することが必要。
- ・兵庫県豊岡市では、独自にジェンダーギャップ解消戦略を実施、女性が働き続けられるまちづくりをおこなっている。

考えて
みよう

- ・女性が働きやすい職場の条件とは、どのようなものだと思いますか？　5つ挙げてみましょう。

★54…内閣府「男女共同参画社会に関する世論調査」（2019年11月）https://survey.gov-online.go.jp/r01/r01-danjo/index.html

★55…https://www.gender.go.jp/kaigi/danjo_kaigi/siryo/pdf/ka67-s-2.pdf

★56…兵庫県豊岡市の取り組みは以下参照。豊岡市「多様性を受け入れ、支え合うリベラルなまちづくり（ジェンダーギャップの解消）の推進」https://www.city.toyooka.lg.jp/kurashi/1007000/1008845/1019237/1006759.html

③声を上げる 社会が変わる ──「#」が変えたこと

ねえ、最近、学校の校則が変わったんだ

きっかけは、私と友だちの出した意見だよ

へぇ、どんな?

男女の髪型が自由になったの男子も長髪OK!

制服は男女どちらもスカートかスラックスか自由に選べるようになったよ

それはいいね!

自由!

正直、冬のスカートは寒かったんだよねスラックスも選べるようになってうれしいな

すごいねハルは声を上げて社会を変えているね

ポカ ポカ

今は移行期ってことでじゃーん!

あはは…

じゃーん

教えて！
プラン先生

MeToo 運動。おかしいことに声を上げよう

2017年、アメリカの歌手・女優のアリッサ・ミラノさんが、あるつぶやきをツイッターに投稿し、大きな話題となりました。★57

「セクハラや暴行を受けたことがある人は、このツイートに返信する形で『Me too（私も）』と書いてください。友人からの提案ですが、セクハラや性暴力を受けたすべての女性が『私も』と投稿すれば、この問題の深刻さを知ってもらえるかも」

アリッサ・ミラノさんのツイート

「私も」を意味する# MeToo は、ハラスメントや性暴力といった、これまでなかったことにされてきた問題を明らかにし、世の中を変える意志を示すハッシュタグとして、世界中の女性たちの賛同を得ました。

この運動が大きな関心を集めたのは、ハリウッドで活躍する女優たちが次々と性的被害を告発したことによります。女性だけでなく男性やLGBTIQ+の人からも、さまざまな被害が告白されました。これにより著名な映画プロデューサーや俳優がおこなってきた性加害の実態が明るみに出ました。

日本での #MeToo 運動

日本では2015年にフリージャーナリスト・映像作家である伊藤詩織さんが、性暴力を受けたとして日本の大手メディアの男性をうったえたことで、性暴力について女性が声を上げることに注目が集まりました。伊藤さんの行動に賛同し、性暴力の被害にあっても泣き寝入りするのではなく、声を上げることを呼びかける「# 私たちは黙らない」というハッシュタグも注目を集めました。

2019年3月、日本では性暴力被害に関する複数の判決が相次いで出されましたが、その結果は被害に声を上げた女性の勇気にこたえるものではありませんでした。飲酒で深酔いした女性が性的暴行を受けた事件では、女性が抵抗できる状態でなかったと認めつつ、「女性が許容していると被告が誤信してしまうような状況にあった」として被告

フラワーデモ

男性が無罪になりました。実父による娘への性虐待の罪が問われた事件では、性的暴行の事実を認めながらも「（娘が）抵抗しようと思えばできた」として父親が無罪となるなど、性暴力について「女性も悪い」というような見解が裁判所から出されたのです。

　女性は抵抗したくても、できませんでした。声を上げることがこわかったからです。

　そんなことが裁判所に伝わらないもどかしさの中、性暴力の被害者に寄り添うために始まったのがフラワーデモです。花を身につけて性暴力に抗議するデモは2019年4月に東京から始まり、すべての都道府県へと広まりました。

#KuToo 運動

　2019年、元女優の石川優実さんが、職場でハイヒールやパンプスをはくことを強制することに疑問を投げかける投稿をしたところ、多くの賛同がありました。「靴」と「苦痛」の語をもじって「#KuToo（クートゥー）」のハッシュタグが使われたこのキャンペーンには、インターネット上で、2万人近い署名が集まりました。

　ヒールの高い靴をはいて働くことは、足の痛みや靴ずれ、外反母趾、腰痛などの

健康上の問題を引き起こします。日本政府は、法律でハイヒールやパンプスの着用を禁じることは難しいものの、女性が服装によって男性よりも苦痛を味わうことがないように、企業は労働者と話し合うべきだという見解を示しました。この動きは、これまでパンプス着用が義務付けられていた航空会社のフライトアテンダントの女性がヒールのない靴を選べるようになるなど、企業の規定を変えました。

「＃わきまえない女」たち

2021年2月、当時の東京オリンピック・パラリンピック組織委員会会長だった森喜朗・元首相が、「女性がたくさん入っている理事会の会議は時間がかかります」に続けて「組織委員会に女性は7人くらいおりますが、みなさん、わきまえておられて」と言ったことに抗議するハッシュタグ「＃わきまえない女」は、大きな広がりを見せました。

森会長の会長職についての検討や再発防止を求める署名活動も広がり、最終的に森氏は会長職を辞任しました。

ハッシュタグから見える変化

ハッシュタグをつけたSNS上での声は多くの女性の賛同を集め、企業の規則を変えたり、問題へと意識を向かせたり、社会にさまざまな影響を与えてきました。

「ひとりで社会を変えることは難しい」

でも今は、SNSやインターネットで自分の意見を表し、賛同する仲間を集めることができる時代です。ここで紹介したハッシュタグは実際に、投稿した人の考えを超え、社会的に大きな影響を生み出しました。

女性や女の子が声を上げることができる環境は、確実に整いつつあります。あなたの声は、決してひとりではないのです。

まとめ

・ハッシュタグをつけて SNS に投稿することで声を上げる
試みは「# MeToo」運動から始まり、世界中に広まった。
・日本でも性暴力に反対するハッシュタグや、#KuToo、#
わきまえない女など、さまざまな声が上がり、企業や制度
を動かす原動力となった。

考えて
みよう

・あなたがハッシュタグをつけて声を上げるとしたら、どん
なことに対してですか？

★57…https://twitter.com/Alyssa_Milano/status/919659438700670976

初めて
なんだけどね

何とクラス委員長に
選ばれちゃった！

すごいね
おめでとう！

「校則を変えよう」とか
声を上げたからかな？

「ハルがいい」って
友だちが言ってくれて……

ハルはみんなの意見を
しっかり聞くし、
向いていると思うよ

委員長みたいな
リーダーって
勉強ができる優等生の
役割だと思ってたから

私で
大丈夫かな？

それって
思い込みじゃない？

思い込み

あ……

リーダーシップって何？

私が考える女性リーダーは、差別のない平等な社会を見すえています。ジェンダーや障害、人種を理由とした差別がない社会、それが、彼女の考える理想の未来です

（2019 年にプランが実施したリーダーシップに関する調査に参加した参加者の声）

2019 年、プランでは、日本をふくめた 19 カ国の女の子 1 万人を対象にリーダーシップに関する調査を実施しました。★ 58　日本からは 15 〜 24 歳の女の子 538 名がアンケートに回答し、そのうち 74 名が少人数でのグループインタビューに参加しました。

「そもそもリーダーシップとはどのような意味だと思いますか？」
「カリスマリーダーがみんなを引っぱる？」
「冷静で論理的な人がリーダーになるの？　感情的なリーダーはだめ？」

ひと昔前は、リーダーというと強い権限を持つ人の「自分についてこい」という指示のもとにみんなが動くというイメージでした。しかし、グローバル化や新型コロナウイルス感染症（COVID-19）の世界的流行など将来を予測しにくい時代の中で、ひとりの人がリーダーシップを発揮し続けることはとても難しくなったといわれています。

プランでは、2019 年の報告書でリーダーシップを以下のように定義しました。

「『リーダーシップ』を人々のグループや組織を率いること、と定義します。リーダーには、家族、従業員、草の根活動家、有権者など、必ずフォロワーがいます。もっとも顕著なリーダーシップの資質は、社会的およびジェンダー的な正義のために努力することや集団で意思決定をおこなうこと、他者に力を与え、助ける方法で導くことです」★ 59

組織内外の関係者に対して尊敬の念を持って課題に向き合い、解決のためにできることをし、模範となる姿勢を示す。そんな人物が、プランが考えるリーダー像です。

日本の女の子は「リーダー」に向いている？

　2022年にプランが公表した、日本の中学校・高校に通う女の子2,000人を対象にしたアンケートでは、その4人に3人が、中学・高校で生徒会やクラス委員、クラブ活動の部長や班長など何らかのリーダーとしての経験があると回答しました。役職についたことで「周囲の人に評価された」（平均42.4％）、「（所属する）メンバーが主体的に行動してくれた」（平均40.1％）といった意見が寄せられています。役職につくことで、周囲に認められるという積極的な意味づけが与えられることも報告されました。

　女の子たちは、リーダーという役をどのように考えているのでしょうか。

　プランがおこなった調査では、リーダーになることに16.6％の女の子が意欲を示しています。

　リーダーのイメージについて聞いた質問では、中学生・高校生、共学校・女子校を問わず、もっとも多い回答は「責任感が強い人がおこなうもの」（47.6％）でした。続いて「人の意見を聞ける人がやるもの」（32.8％）、「グループで指導する存在」（29.7％）、「メンバーそれぞれの能力を引き出すことができる人」（28.7％）という回答が見られました。

女の子2,000人に聞いたリーダーのイメージ

	全体（人）	グループで指導する存在	生まれつきのリーダーの才能がある人がやるべきもの	目立ちたい・人前に立ちたい人がおこなうもの	責任感が強い人がおこなうもの	人気者がやるもの	人の意見を聞ける人がやるもの	人を精神的に支える人	人を勇気づける人	メンバーそれぞれの能力を引き出すことができる人	役職につくことだけがリーダーではない
平均		29.7%	17.6%	14.1%	47.6%	11.9%	32.8%	21.1%	20.7%	28.7%	12.1%
中学生（共学校）	500	32.0%	18.8%	17.2%	49.6%	15.6%	31.6%	18.8%	23.6%	25.8%	11.0%
中学生（女子校）	500	27.6%	15.8%	14.6%	44.2%	10.4%	32.2%	19.6%	18.6%	29.0%	9.2%
高校生（共学校）	500	27.0%	15.2%	12.0%	48.2%	9.0%	31.8%	22.0%	19.8%	30.4%	14.0%
高校生（女子校）	500	32.0%	20.4%	12.6%	48.4%	12.4%	35.6%	24.0%	20.8%	29.4%	14.2%

出典：公益財団法人プラン・インターナショナル・ジャパン「日本における女性のリーダーシップ2022」（2022年）、22ページ。
https://www.plan-international.jp/activity/pdf/220308_leadership.pdf

このことは、何を意味しているでしょうか？

調査の回答によると、リーダーはグループメンバーの意見を聞き、それぞれの能力を引き出しながら調整することが求められていました。場を仕切るのではなく、人の意見に耳をかたむけ、調整できることが必要というわけです。

そうだとすると、この調査結果は、リーダーに対する正しい理解とリーダーにふさわしい素質を持っている日本の女の子が多くいることを示していませんか？

「リーダーは、ただグループをまとめるだけじゃなく、"気づくこと"が大切だから、自分も視野が広い人間になりたいと思いました」（高校3年生・女子校）

あなたにはリーダーになる素質がある

みなさんには、リーダーになる素質があります。周囲に気を配り、グループの意見を聞き、調整役ができるのであれば、学校の生徒会活動や部活動、委員会活動でリーダーとしてその能力を発揮できたのではないでしょうか。

私たちの足を引っぱっているのは何でしょうか？

プランの調査で、「リーダーになりたくない」と回答した女の子たちは、その理由として「目立ちたくない・失敗したくない」（中学2年生・共学校）、「責任に対し、組織環境の中でリスクが大きい場合が多い」（中学2年生・共学校）、「他に適任者がいなければやるが、世の中にはリーダーになるために勉強や経験を積んできたリーダーにふさわしい人が（自分以外に）いると思うので、やりたいとは思わない」（中学3年生・女子校）、「リーダーになったことで達成感を感じたことはないし、精神的にも疲れる」（中学3年生・女子校）などと挙げました。

もっとも多かったのが「自分はそういう性格・キャラ・タイプではないから」という考えで、「リーダーになりたくない」と回答した883人中187人（21.2%）でした。

キャラやタイプであなた自身をくくり、自分で自分を決めつけていませんか？あなたはできる。ただ一歩を踏み出していないだけです。

前局長や担当の先生から推薦を受けて、局長を引き受けることになりました。推薦されると、やっていいんだという気持ちになり、やりましたが、今後は自発的にやっていきたいと思えるようになりました　　　　（中学3年生・共学校）

まわりからのはげましでも、勧められてリーダーの立場になってもいいのです。

まわりに笑われそう。自分には向いてないと思う　　　（高校1年生・女子校）

あなたを笑う人なんていません。もし笑い声が聞こえたとしても、それは勇気のない人のねたみ、やっかみです。

生徒会で失敗したから（なりたくない）　　　　　（高校2年生・女子校）

失敗は次に活かせばいいのです。生徒会や運動会・文化祭・音楽会・修学旅行などでリーダーの役回りをするとき、「運動会で優勝する」「課題曲を弾けるようになる」などみんなで目標を立てませんか？

その目標達成のために「みんなで」がんばって、その結果を喜んで、ときに反省する。反省はきっと、あなたの次のリーダー経験につながります。

こわいのは最初の一歩だけ。その一歩を踏み出せば、あなたの世界はきっと変わります。

教えて！
プラン先生

まとめ

・リーダーとは、組織内外の関係者に対して尊敬の念を持って課題に向き合い、解決のためにできることをし、模範となる姿勢を示す人のこと。
・人の意見に耳をかたむけ、調整できることがリーダーに求められている。

**考えて
みよう**

・あなたが考える理想のリーダーはどのような人ですか？
リーダーに求められる能力や性質を3つ挙げてみましょう。

★58…公益財団法人プラン・インターナショナル・ジャパン「リーダーになる〜日本の女の子と若い女性が考えるリーダー像の意識調査報告書〜」（2020年）。https://www.plan-international.jp/about/pdf/2003_TakingtheLead_jp_report.pdf
★59…公益財団法人プラン・インターナショナル・ジャパン「日本における女性のリーダーシップ2022」（2022年）、13ページ。https://www.plan-international.jp/activity/pdf/220308_leadership.pdf

⑤テイクオーバー
女の子が「乗っ取る」一日

世界中でジェンダー平等が実現されたらどんなことが起こるのかな？

ジェンダー平等

今より活躍する女性や女の子が増えるのは間違いないだろうね

そうだね
そんな女性の活躍を見て男性や男の子にも「がんばろう」って思ってもらえるといい関係になれると思うんだ

政治も経済も社会も同じ「人間」である男性と女性が動かしていくんだよ

政治・経済・社会から……「知らない」ですませてきたことも、きちんと調べて意見を言えるようにしたいな

その調子！

110

女の子が社会を変える！

　すべての子どもがジェンダーにかかわらず平等になったら、世界はどのように変わるでしょう？

　世界中の女の子や若い女性が、社会に影響をおよぼすようになったら、世界はどう変わるでしょうか？

　「実際、地球上のどこにも、ジェンダー平等を達成した場所はありません。これまで私たちは非常に多くのジェンダー平等の取り組みを実施してきましたが、やるべきことはまだまだあります」★60

　2020年10月7日、フィンランドで暮らす16歳のアーバ・ムルトさんは、当時首相を務めていたサンナ・マリン氏に代わって一日首相を務めました。これまで気候変動や人権問題に取り組んできたムルトさんは、その日、フィンランドの首相として司法長官や議員、閣僚たちとの会談にのぞみました。各国から集まった報道陣たちには「テクノロジーが男女平等に与える影響」について、自分と同世代の女の子は「自分たちが重要な存在であるということや、男の子と同じようにテクノロジーに強いということを知る必要がある」と説明しました。★61

2020年の国際ガールズ・デーで一日首相を務めたムルトさん（左）

「Takeover」女の子が乗っ取る一日

　2011年12月、プランとガールスカウトの働きかけで、国連によって毎年10月11日が国際ガールズ・デーと定められました。国際ガールズ・デーは、世界の女の子たちの困難な状況に光を当てて、彼女たちが持つ可能性を最大限に発揮できる社会に変えていくための日です。

　プランでは、この国際ガールズ・デーの時期に、世界各地で女の子たちが一日、社会の指導的な立場につく「Takeover（乗っ取る）」という活動を実施しています。

　一日首相を務めたムルトさんは、女の子たちの可能性と変化の必要性を世界に伝えるために首相の座を「乗っ取った」のでした。

　フィンランドでは、2017年からTakeoverが実施されてきました。2021年には、16歳のネラ・サルミネンさんがサウリ・ニーニスト大統領とともにオンライン会議に参加し、世界のリーダーや大企業の代表者など国際的な影響力を持つ人々の中で、気候変動対策と将来の世代に対する責任について議論を交わしたほか、国会議員とジェンダー平等の実現などについて議論しました。★62

フィンランド大使館のフェイスブック
GirlsTakeOver 投稿

女の子の声を届けるには

　ムルトさんが言うように、まだジェンダー平等を達成できた国や地域はありません。

　プランの呼びかけで生まれた「イコール・メジャーズ2030」は、SDGsの進み具合をジェンダー平等の達成度という観点から評価する取り組みです。★63　その2020年版では、公共の場所における女性の安全について取り上げ、すべての国や地域で女性や女の子が安心して夜道を歩けるようになるのは150年以上先のことで、気が遠くなるような時間がかかると推測しました。★64

　また、多くの女性が安全だと感じることのできない国に暮らしていて、その数は5億人以上だと述べています。日本でも公共交通機関でのちかん問題やデートDVの発生を考えると、安心して生活できるとは言いきれない状況です。

　それでも、私たちを取り巻く環境は少しずつですが前進しています。

　「私たちは（ジェンダー平等に向かう）方法を知っているから、私たちにはできるから、私たち一人ひとりが重要な存在なのだから、女の子の権利を守るために、これからもともに活動しましょう」（フィンランド、サルミネンさん、16歳）

　世界各地で女の子たちが、自分たちを取り巻く「？」な状況に声を上げ、立ち上がり始めています。

　日本の公共交通機関で起きるちかんに「NO」の声を上げたのは女性たちでした。その結果、今では「ちかんは犯罪である」ことは知られてきています。

　これまで「女の子」をかわいくて、男の子にモテる存在、性の対象としておもしろおかしく取り上げてきたメディアや広告業界も、そのような表現への配慮をするようになってきました。それも女の子たちが「おかしい」と声を上げ、抗議してきた結果です。

プランとともに活動する若者たち「プラン・ユースグループ」は、ジェンダーの思い込みを助長させることのない、多様性を促す広告を世に出していくことを求める声を上げています。2019年10月8日には、日本アドバタイザーズ協会ダイバーシティ委員会の方との意見交換の場で、「ジェンダー平等に配慮した広告にするためのチェックリスト」を紹介しました（115ページ参照）。★65　次世代の真摯な声に、大人たちも耳を傾けてくれました。

　女の子が「女の子だから」差別され、決められたふるまいを強いられ、嫌がらせを受けるのをさけるために、私たち一人ひとりが直面する問題に「おかしいぞ」と声を上げることが必要です。
　それはインターネットやSNSの発達により、以前より簡単になってきました。
　私たちが声を上げることで、疑問が「問題」として認識され、その解決のためにどうするべきか、社会が、国が、世界が動き始めます。
　動くための一歩を。

> まずは身近なことから、問題があると感じたことについて少しでもいいから行動を起こしたい、そして、それが誰かの幸せにつながるかもしれないと考えています
> 　　　　　　　　　　　　　　　　　　　　　　　　　（プラン・ユースグループ）

ユースが考えるジェンダー平等に配慮した広告にするためのチェックリスト　★66

2019年10月8日
公益財団法人プラン・インターナショナル・ジャパン

ユースが考えるジェンダー平等に配慮した広告にするためのチェックリスト

プラン・インターナショナルはジェンダー平等を推進するために、不平等の原因を明らかにし、現状を容認するのではなく、女の子や女性の価値を促進することを目指して活動しています。地方自治体やイギリスの広告基準協議会のガイドラインを参考にしながら、以下のチェックリストを作成しました。

1.　広告に登場する人物を、性的対象やモノとしてではなく、一人の個性や能力のある人格として、肯定的に描いていますか。

商品やサービスの紹介に直接関係しない体の一部をアイキャッチャーとして使うことはその人の人格を無視することに繋がります。そしてユースはそれを見ることによって不快に感じるという調査結果がでました。イギリスの広告基準協議会は、このような広報表現を禁止しています。広告に登場する人物の個性が尊重され、また男女が対等に扱われる表現を求めます。

2.　広告において、多様なライフスタイルを描写していますか。

現代社会において多様に存在している個人や家庭のライフスタイルを理解し、広告の中で表現してください。画一的で固定的なジェンダー役割を助長させたり、男女で異なる言葉や描写をしたりすることは控えるべきです。意識調査で、男性が育児休暇を取得しておむつを替えるという広告描写を9割のユースが肯定的に評価しています。こうしたジェンダー役割について提起し、啓発することも期待します。

3.　男女問わず、リーダーシップを発揮することができるというメッセージをふくんでいますか。

意識調査の結果から、男性はリーダーシップがあり、女性はリーダーを支える存在として描かれている広告描写に対して6割が、問題があり不快に感じると回答しています。またユースは、リーダーシップは男女関係なく発揮できると考えており、女性がリーダーシップを発揮している広告表現が増えることを期待しています。

4.　多様なボディイメージを肯定していますか。

意識調査の結果から、ユースは特に容姿に関して広告の中の女性／男性が画一的に描かれることを、理想のおしつけのように感じ、不快感を抱く人が多いようです。意識調査では、広告に描かれる容姿が高い割合でユースの理想の姿になっていることがわかります。この状況を改善する為にも、広告において、多様なボディイメージを採用することは極めて重要です。また、ユースが考える理想の容姿として、「個性を大事にしている」がもっとも多く選ばれました。このことから、ユースの多くは広告にもっと個性を大事にする人が登場することを求めていると考えられます。意識調査の結果からもわかるように、広告は人の考え方に大きな影響を与えているので、ジェンダーの固定観念を助長しないような描き方をすることが必要です。

5.　ジェンダーに対する多様な価値観に配慮していますか。

意識調査で、今後広告におけるジェンダー表現に期待することとして、「性別による差別や蔑視、決めつけがなくなるような広告を作ってほしい」「LGBTの存在を認識してほしい」などの意見が寄せられました。広告は、ジェンダーに基づく固定観念や役割を助長することも、変革することもできる存在になり得ます。広告が、ジェンダーに対する多様な価値観に配慮し、社会課題について問題提起し、積極的に課題を変革していくことを望みます。

まとめ

・女の子が声を上げることは、ジェンダーの課題を取り上げ、社会に認知させることになる。
・Takeover の試みは、女の子がリーダーになれることを示した。

**考えて
みよう**

・あなたが考える理想のリーダーはどのような人ですか？リーダーに求められる能力や性質を3つ挙げてみましょう。

★60…BBC, Girls Takeover: Teen becomes Finland's PM for the day, 7 October 2020. https://www.bbc.com/news/world-europe-54450463

★61…國崎万智「34歳女性首相の代わりは16歳少女。フィンランドの「一日首相」が訴えたことは？」ハフポスト 2020年10月9日。https://www.huffingtonpost.jp/entry/story_jp_5f7fd3bac5b664e5babb6532

★62…President of the Republic of Finland, ""Because we know how to, because we can and because we are important"?#GirlsTakeover day highlights impact of information on gender equality", 7 October 2021. https://www.presidentti.fi/en/news/because-we-know-how-to-because-we-can-and-because-we-are-important-girlstakeover-day-highlights-impact-of-information-on-gender-equality/

★63…公益財団法人プラン・インターナショナル・ジャパン「Bending the Curve Towards Gender Equality by 2030 日本語版」（2020年）https://www.plan-international.jp/about/pdf/EM2030_Bending_The_Curve_JP.pdf

★64…公益財団法人プラン・インターナショナル・ジャパン「Bending the Curve Towards Gender Equality by 2030 日本語版」（2020年3月）18ページ。https://www.plan-international.jp/about/pdf/EM2030_Bending_The_Curve_JP.pdf

★65…公益財団法人プラン・インターナショナル・ジャパン「【報告】Girl's Leadership（ガールズ・リーダーシップ）〜女の子が変える未来〜」https://www.plan-international.jp/news/girl/20191009_19071/

★66…公益財団法人プラン・インターナショナル・ジャパン「ユースが考えるジェンダー平等に配慮した広告にするためのチェックリスト」（2019年10月8日）https://www.plan-international.jp/news/girl/pdf/191009_checklist.pdf

教えて！
プラン先生

ジェンダーに配慮した未来図

問題が解決された先のジェンダーに配慮した未来図（プラン・インターナショナル）

　私たちが理想とする社会は、すべての人が、自分が望むように学び働く選択肢を持ち、安心して毎日を過ごし、おかしいと思ったことに声を上げ、そしてそれが誠意を持って受け止められ、検討される。そんな社会です。

　ジェンダー平等が達成できた世界はどんな世界なのでしょうか？

　ジェンダー平等が達成された社会で暮らす女の子が、どのような一日を送っているのか見てみましょう。

6 時 30 分…起床・朝食

　朝、台所からいいにおいがして目が覚めます。今日は母が 1 カ月ぶりに海外出張から帰る日。母は IT 会社で役員をしています。母がいない間、父が朝食の準備をしています。

　廊下でごそごそ音が聞こえてきます。ゴミ出し当番の弟が、ゴミ袋をマンションのゴミ捨て場に運ぶ音です。姉が「洗濯するから早く顔洗って」と声をかけてきます。ゴミ出しや洗濯、食事は家族で当番制でおこないます。

　食事の片づけは私がします。それから鍵を閉めて、学校へ向かいます。

8時…登校

最寄りの駅で、友だちと待ち合わせます。向こうから車いすの友だちが
やってくるのが見えます。バリアフリーな道なので、友だちは安心して
やってきます。忙しく歩くサラリーマンも、友だちに気づいたら道を空けてくれます。

駅員さんは友だちが毎日この時間にやってくるのを知っているので、笑顔であい
さつしながら、一緒に電車に乗るのを手伝ってくれます。

電車は混雑する時間ですが、まわりの人たちはスペースを空けてくれました。

9時…始業・午前の授業

朝の朝礼では、クラスの委員長がジェンダーフリー制服の導入について
説明をしていました。先月、私たちのクラスが「ジェンダーレス制服を導
入したい」と提案し、賛同する署名を校内で集めて生徒会に提出したからです。

委員長の説明によれば、生徒会と先生方で議論し賛成の方向で進んでいて、来年
度から導入の予定だそうです。クラスの何人かが制服への違和感を話していたので、
改定できてよかったです。

課題文を読みグループディスカッションをする時間に、ある男の子が「だから女
は」と発言しました。彼以外のグループ全員がその発言に対して抗議し、彼は謝り
ました。

12時…お昼休み

お弁当を食べていたとき、親友が「今朝ちかんにあった」と言い出しま
した。

「え、ちかんなんてまだいたの？」

「うん、それで最近ダウンロードしておいた『この人ちかんです』と表示するア
プリをまわりに見せたの。自分で『やめてください』って声も出したけど、まわり
にも協力してもらって、そのちかんを駅員さんに引き渡してきたの」

13 時…午後の授業

　　保健体育の授業で、クラス全員で LGBTIQ+ について学びました。「昔は LGBTIQ+ の人っていじめられることもあったって聞いたけど、何でかな？」「クラスにも 4〜5 人いるけど、それって当たり前なんじゃないの？」

15 時…放課後・部活動、文化祭の準備

　　所属している吹奏楽部の活動に参加しました。

　　来週の文化祭に向けて大忙し。顧問の先生は育児休暇中なので、その分、私たちがやらないといけないことはたくさんあります。

　各パートに分かれて練習する合間に、文化祭用のパネルや舞台装飾をつくっています。装飾や舞台の設営は全員でやるので、一人ひとりが自分の担当分を文化祭までに終わらせないといけません。重い荷物も手分けして運びましたが、友人の A は「背景を運ぶのが重かった」とぼやいていました。

18 時…塾で進路の相談

　　部活動の後は塾へ直行。塾では志望校について面談がありました。私が「将来医学部を受験したい」と伝えると、塾の先生から「この学校がおすすめ」と言われました。

　同じ塾に通う B は、大学で英文学を専攻したいことを先生に話したら、文芸部の活動が盛んな高校を教えてもらったそうです。

21 時…帰宅・夕食

　　今日は長かった！　ようやく帰宅。玄関を開けると、出張から帰ってきた母がいました。お土産を見せてもらいながら、姉と弟がつくった夕食をみんなで食べます。食後、父は洗濯物をたたみながら母と私の会話に参加します。

　「今日塾で進路指導があって」と私が話すと、母も父も「あなたが行きたいところに行きなさい。応援するから」と口をそろえます。姉は今、理工学部で学んでいますが「大学院に行きたい」そうで、小学生の弟は「大学に行かずフラワーアレンジメントを勉強したい」とのこと。両親とも「希望する道へ進むことを応援するよ」と言ってくれます。

　テレビからは「今度の衆議院選挙の女性候補者の割合が6割を超えた……」と聞こえてきます。私が小さいときは1割にも届かなかったんですって。今では女性の候補者の方が多いので、それを聞いてびっくりしました。

22時…入浴・明日の準備
　夕食後お風呂に入りました。今日はもう疲れたので、すぐ寝るつもり。明日は私が朝食当番だったことを思い出し、炊飯器をセットします。

23時…就寝
　今日は学校に部活に文化祭準備に塾とバタバタした一日でした。おやすみなさい。

　ジェンダー平等な世界は、ジェンダーにとらわれずに、だれもが望む将来をえがき、そのために必要な勉強をし、周囲がそれを尊重する世界です。
　私たちの暮らす社会はまだまだジェンダー平等への道には遠いけれど、変えることができます。きっと。

あとがき

「女の子だから」
「男の子だから」

　飽きるほど私たちはこの言葉を浴びせられてきました。
　この、のろいの言葉は私たちの未来をせばめ、「女の子とか関係なくやりたいこと」があることを笑い、「かわいい」という言葉で私たちの行動を塗り固めました。バスや電車など公共の場でちかんにあっても「お前が悪い」、デートDVの被害にあっても「お前にスキがあるから」。かわいい女の子を求められつつ、いざ被害にあったとたんに怒られる。
　どうしてなのでしょう？
　この本は、あなたたち一人ひとりのモヤモヤ、怒りを言葉で表したものです。
　この本を書きながら、何度も思いました。
　「怒っていいんだよ」「嫌だと言っていいんだよ」
　何でそんな簡単な言葉が、これまで私たちにかけてもらえなかったのでしょう？
　「言っちゃダメ、言っても得にならないよ。損するよ」
　そんな現実を知る声によって、私たちはこれまで黙っていました。
　でも、今私たちはジェンダー平等とは何かを理解しています。達成のために、一人ひとりが学び、声を上げ、まわりの社会がそれを理解し応援する必要があること。
　この大切な３カ条を、この本では何度もくり返して伝えてきました。
　この本を、世界中の強くて賢くて勇気がある、すべての女の子たちへ捧げます。

　2023年５月
　　　　　　公益財団法人プラン・インターナショナル・ジャパン

1　困ったときの連絡先

◆こども家庭庁「児童相談所相談専用ダイヤル」

https://www.mhlw.go.jp/189-ichihayaku/

都道府県、指定都市などが設置する専門機関で、虐待の相談以外にも出産や子育てなど、子どもに関するさまざまな相談ができる。

　　電話番号　0120-189-783（いちはやく・おなやみを）

◆文部科学省「24 時間子供 SOS ダイヤル」

https://www.mext.go.jp/ijime/detail/dial.htm

都道府県および指定都市教育委員会などが運営する全国共通のダイヤル。いじめやその他の子供の SOS 全般について、いつでも相談できる。

　　電話番号　0120-0-78310（なやみ言おう）

　　受付時間　24 時間受付（年中無休）

◆法務省「子どもの人権 110 番」

https://www.moj.go.jp/JINKEN/jinken112.html

いじめや虐待など子どもの人権問題に関する専用相談電話。

　　電話番号　0120-007-110

　　受付時間　月曜〜金曜 午前 8 時 30 分〜午後 5 時 15 分（土・日・祝日・年末
　　　　　　　　年始は休み）

　　一部の IP 電話からは接続できません。つながらない場合には各局電話番号一覧をご確認ください。https://www.moj.go.jp/JINKEN/jinken112-1.html

◆厚生労働省「ひきこもり VOICE STATION」

https://hikikomori-voice-station.mhlw.go.jp/support/

　　すべての都道府県・指定都市にある、ひきこもりに関する相談窓口「ひきこもり地域支援センター」が検索できる。社会福祉士や精神保健福祉士などの資格を持つ支援コーディネーターが中心となって、相談支援などをおこなっている。このほか、

全国のひきこもり支援機関も掲載。

◆各警察署

事件性のある出来事や、緊急性のある事故に遭遇したとき通報する番号。
365日24時間対応。

電話番号 （プッシュ回線）110

◆各都道府県警察の性犯罪被害相談電話「＃8103（ハートさん）」

性犯罪にあった場合、相談しやすいように警察庁が設置した全国共通番号。ダイヤルすると、発信された地域を管轄する各都道府県警察の性犯罪被害相談電話窓口につながる。

電話番号 （プッシュ回線）＃8103
受付時間 24時間受付（年中無休／土日・祝日及び執務時間外は、当直で対応）

◆日本司法支援センター「法テラス」

http://www.houterasu.or.jp

法的トラブルに巻き込まれたなど、法律の専門家に相談したいときの案内窓口。

電話番号 0570-078374（おなやみなし）
受付時間 平日 午前9時〜午後9時（土曜は午前9時〜午後5時）
※IP電話やプリペイド携帯、海外からは通話ができません。
電話番号：03-6745-5600 におかけください。

◆消費者庁「消費者ホットライン」

https://www.kokusen.go.jp/map/

買った商品やサービスなど、生活全般に関する問い合わせをしたいときの全国共通番号。身近な消費生活センターや消費生活相談窓口を案内してくれる。

電話番号 （プッシュ回線）188（いやや）

◆**公益社団法人日本精神保健福祉士協会「子どもと家族の相談窓口」**

　https://www.jamhsw.or.jp/consultation_counter/

　子どもや家族への向き合い方、自分の気持ちとの付き合い方から「おうちの中」の困りごとまで。不安で落ち着かないとき、誰かとつながることができる窓口で、精神保健福祉士にメール相談ができる。

　　Eメール　kodomotokazoku@jamhsw.or.jp

　　受付時間　24時間受付　※相談の返事に日数を要する場合もある。

◆**公益財団法人プラン・インターナショナル・ジャパン**
　「女の子のためのチャット相談」

　https://www.watacafe.jp/chat/

　15～24歳の女の子を対象にした相談窓口。「さびしい」「誰かと話したい」「友だち、パートナー、家族とうまくいっていない」「SNSで嫌な目にあった」という悩みをチャットで受け付ける。

◆**一般社団法人セーファーインターネット協会**

　https://www.saferinternet.or.jp/bullying/

　リベンジポルノやオンライン上の誹謗中傷について、投稿の削除や警察への通報などの相談に乗ってくれる「誹謗中傷ホットライン」を運営。

◆**一般社団法人全国妊娠SOSネットワーク「にんしんSOS相談窓口」**

　https://zenninnet-sos.org/contact-list

　思いがけない妊娠をしたなど、妊娠を喜べない事情を抱えた女の子や女性のためのサイト。個人的な妊娠相談は、全国各地の「にんしんSOS」の窓口で相談することができる。

◆**一般社団法人日本いのちの電話連盟「いのちの電話」**

　https://www.inochinodenwa.org/?page_id=267

　生きているのがつらいと感じたとき悩みを相談できる窓口。電話番号、受付時間は都道府県によって異なる。

2　女の子の権利を守る条約

①世界人権宣言　【1948年12月10日採択】

　基本的人権尊重の原則を定め、すべての人々が生まれながらに持っているさまざまな権利の保障を初めて国際的にうたったものです。世界人権宣言に法的な拘束力はなく、守らなくても罰則はありませんが、世界各国の憲法や法律にも取り入れられ、世界の人権に関する規律の中でもっとも意義があるものです。

②国際人権規約　【1966年12月16日採択。日本は1979年6月21日批准】

　ただの「宣言」だった世界人権宣言に法的拘束力を持たせ、基本的人権を国際的に守るために条約化したものです。人権の保護や自由権の尊重を、守らなければならない義務としました。日本は社会権規約（経済的、社会的及び文化的権利に関する国際規約）と自由権規約（市民的、政治的権利に関する国際規約）を批准しています。

③女子差別撤廃条約（女子に対するあらゆる形態の差別の撤廃に関する条約）　【1979年12月18日採択。日本は1985年6月25日批准】

　女性に対するあらゆる差別や偏見をなくすことを目的とした条約です。男女平等の実現を目指すために、各国が法律や制度だけでなく、男女の性役割に関する固定概念（ジェンダー）に基づく慣習までも改めることを求めています。1982 年には、各国における差別撤廃の進み具合を審査する「女子差別撤廃委員会」が設置されました。

④拷問等禁止条約（拷問及び他の残虐、非人道的な又は品位を傷つける取扱い又は刑罰に関する条約）　【1984年12月10日採択。日本は1999年6月29日に加入】

　拷問とは、情報を得るためや処罰の手段として、身体的・精神的な重い苦痛を人に与える行為のことです。この条約では拷問の禁止をかかげ、世界各国が拷問を処罰すること、拷問にあった人を救うこと、残ぎゃくで非人道的または品位を傷つける取り扱い等が公務員等によりおこなわれるのを防止することなどについて定めて

います。

⑤子どもの権利条約　【1989年11月20日採択。日本は1994年4月22日に批准】

　子どもの基本的人権を国際的に保障するための条約です。この条約では18歳未満を「子ども」と定義し、すべての子どもが平等に生きる権利、育つ権利、守られる権利、参加する権利を持っていると定めました。また、子どもが国や性別、言語や宗教、意見や障害の有無、お金持ちであるかないかなどによって差別されることを禁止しています。

3　おすすめの本、マンガ、映画

◆おすすめの本

『ウーマン・イン・バトル　自由・平等・シスターフッド！』
マルタ・ブレーン 著、イェニー・ヨルダル 絵、枇谷玲子 訳
（合同出版、2019年）

　女性がこれまでいかにジェンダー平等を勝ち取ってきたのか。
それは当たり前ではない、苦難の歴史であり、幾人もの女性が
声を上げて実現したことでした。イラストを多用し、女性たち
の歩んだ平等への歴史をわかりやすく解説します。

『フェミニズムがひらいた道』上野千鶴子 著（NHK出版、2022年）

　ジェンダー平等は、長い歴史を経て、今の段階にまで進みま
した。

　その女性たちの歴史をわかりやすく解説した本書は、ジェン
ダー問題に関心がある方にはおすすめの入門書です。

『女たちのポリティクス　台頭する世界の女性政治家たち』
ブレイディみかこ 著（幻冬舎新書、2021年）

　世界各国で新たに生まれている多くの女性指導者と彼女たち
を取り巻く環境に焦点を当て、その個人のヒストリーを紹介す
る本。立ち上がり、声を上げた女性たちはどういう履歴を経て、
今の活動に至ったのか。実在する女性政治家の挑戦と困難は、「私
はそうじゃない」ではなく、「私たちにもできることがあるかも」
と勇気を与えてくれます。

『三つ編み』レティシア・コロンバニ 著、齋藤可津子 訳
（早川書房、2019年）

　インド、イタリア、カナダ。3つの国でそれぞれの生活をサ
バイブする女性3人が「三つ編み」をキーワードにつながって
いく。インドにおけるカーストの問題、女性が働くということ、
すべてがあらゆる問題につながっていることを改めて教えてく
れます。少し難しいですが、読み応えのある作品です。

『あなたの教室』レティシア・コロンバニ 著、齋藤可津子 訳
（早川書房、2022年）

　インドにやってきたフランス人のレナは10歳の女の子ホー
リーと出会います。ホーリーは、養父母の店で働かされ、「女に
勉強はいらない。家のために働き、嫁にいくんだ」と、レナが
読み書きを教えようという申し出を拒絶します。因習にとらわ
れた養父母と村人、それに従う子どもたち。レナは子どもたち
に読み書きを教えることを決意します。学ぶこと、知識を得ることが社会につなが
り、自分の人生の選択にもかかわる。そんなことを教えてくれる一冊です。

『僕の狂ったフェミ彼女』ミン・ジヒョン 著、加藤慧 訳
（イースト・プレス、2022年）

　主人公「僕」の彼女はしばらく会わない間にフェミニストと
なっている。そんなとき、「僕」はどうすべきなのか。
　「僕」のピントのずれた対応に笑いつつ、最後に彼女がなぜ、
化粧や女性らしい服装を着ることをやめたのか。その理由と彼
女の苦しみとは。ライトな書き方の中に社会にひそむジェンダー
格差を浮き彫りにする作品です。

『彼女の名前は』チョ・ナムジュ 著、小山内園子＋すんみ 訳
（筑摩書房、2020年）

　60人余りの女性へのインタビューを元に書かれた作品で、私たちのまわりにいるようなさまざまな女性が登場します。声を上げ続ける女性、待遇改善を求めるストに参加する母親、孫の世話に追われる女性……短編集なので読みやすい一冊です。

◆おすすめのマンガ

『女の子がいる場所は』やまじえびね 著（KADOKAWA、2022年）

　「わたしたちは結婚しないと生きていけないの？」
　一夫多妻が認められているサウジアラビアに暮らす10歳の少女サルマ。同級生の姉は、顔も見たことのない8つ年上の人と結婚する。外ではヴェールが必要で、大好きだったサッカーはもうできない。
　モロッコ、インド、アフガニスタン、そして日本……国も宗教も文化も違う10歳の少女たちの物語は、世界の女の子が直面する課題をわかりやすく示してくれます。

『地獄のガールフレンド』鳥飼茜 著（祥伝社フィールコミックス、
2015 ～ 2017年）

　友だちのいない女性3人の同居暮らし。彼女たちが毎晩のように繰り広げる会話は、ジェンダー課題を浮き彫りにします。また、女性同士の連帯（シスターフッド）を描いた意味でも興味深い作品です。

『違国日記』ヤマシタトモコ 著（祥伝社フィールコミックス、2017年〜）

　35歳、少女小説家は、「姉」の死をきっかけに、姉の遺児である15歳女子中学生と同居を始める。二人や、二人を取り巻く人から見えてくるのは、医学部の女子受験者への不正、LGBTIQ+への不用意な発言、女の子だから見えてくる「ガラスの天井」。医学部受験での性差別に怒りを表明した同級生が最終的に医学部を受けるのを聞いて、「これはわたしたちの問題」と語る小説家のセリフは心に響く珠玉の名言です。

『深夜のダメ恋図鑑』尾崎衣良 著（小学館フラワーコミックスアルファ、2015〜2023年）

　女性3人のそれぞれの職場や家族、恋人との関係を描きながら、これまでなかったことにされていた、女性が直面する見えない壁を描きます。作品ではデートDVや男性側が無意識に持っていた女性に対する思い込み、家事育児分担をめぐる議論などがわかりやすく紹介されています。

『ジーンブライド』高野ひと深 著（祥伝社フィールコミックス、2021年〜）

　女であるゆえの生きづらさに、仕事相手からのセクハラにも、変質者との遭遇にもうんざりしている主人公。そこに元同級生が訪ねてきて……。筆者がフェミニズムに関する本を読み、「自分が傷ついていたという事実に気がついた」ことから生まれた本作はSF仕立てで、続きが気になる作品です。

◆おすすめの映画

「デザートフラワー」（2009年／ドイツ、オーストリア、フランス）
　　監督：シェリー・ホーマン
　　出演：リヤ・ケベデ、サリー・ホーキンス、ティモシー・スポール

© Desert Flower
Filmproductions
GmbH

　ソマリアの貧しい遊牧民の家に生まれた少女、ワリス・ディリー。13歳にして、父親に無理やり結婚をさせられそうになった彼女は、家族のもとから逃げ出し、都会に暮らす親戚を頼って、やがてロンドンへと渡ります。ロンドンで紆余曲折を経てスーパーモデルとして成功したワリスには、ある秘密がありました。この映画は、自伝をもとにした作品で、作者のワリス・ディリーは、初めて FGM（女性性器切除）の経験を声に出して告発した著名な女性です。声を上げることの意味を教えてくれる作品です。

「ソニータ」（2015年／スイス、ドイツ、イラン）
　　監督：ロクサレ・ガエム・マガミ
　　出演：ソニータ・アリザデ、ロクサレ・ガエム・マガミ
　　配給：ユナイテッドピープル

　イランの首都テヘラン。保護施設の子どもたちの前でラップを披露する少女ソニータはアフガニスタンからの難民。彼女の両親は16歳になったソニータを、古くからの習慣に従い、お金と引き換えに見ず知らずの男性に嫁がせようとしていた。そんな両親のもとを離れ、テヘランの保護施設で有名なラッパーになる夢を叶えるべく奮闘するソニータ。一人の少女が自分の人生を自分で決められるのか。リーダーシップとは何か、声を上げ、周囲に理解してもらうとはどういうことか、私たちに置き換えて考えることもできる映画です。

「82年生まれ、キム・ジヨン」（2019年／韓国）
　　監督：キム・ドヨン
　　原作：『82年生まれ、キム・ジヨン』（チョ・ナムジュ 著）
　　出演：チョン・ユミ、コン・ユ
　　発売元：クロックワークス
　　販売元：ハピネット・メディアマーケティング

　　結婚・出産を機に仕事をやめ、育児と家事に追われるジヨン。常に誰かの母であり妻である彼女は、ときに閉じ込められているような感覚におちいることがあった。しだいにジヨンは他人が乗り移ったような言動をくり返すようになった。ある日は夫の実家で自身の母親になり「正月くらいジヨンを私の元に帰してくださいよ」と言ったり、ある日は祖母になり「ジヨンは大丈夫。お前が強い娘に育てただろう」と、母親に語りかける。

　　韓国で100万部を超えるミリオンセラーとなり、社会現象を巻き起こした同名小説の映画化。日本の女性が抱える現状を想起させる作品です。

「SHE SAID／シー・セッド　その名を暴け」（2022年／アメリカ）
　　監督：マリア・シュラーダー
　　原作：『その名を暴け――#MeTooに火をつけたジャーナリストたちの闘い――』（ジョディ・カンター、ミーガン・トゥーイー著）
　　出演：キャリー・マリガン、ゾーイ・カザン
　　発売元：NBCユニバーサル・エンターテイメント

　　ニューヨーク・タイムズ紙の記者2人が、大物映画プロデューサーのハーヴェイ・ワインスタインによる性的暴行を告発すべく、被害者女性たちに粘り強く協力を依頼し、証言をそろえて記事を出すまでの物語。被害者たちが勇気を出して告発に踏み切った勇姿が#MeTooのムーブメントにつながる実話です。

● 編者 ....

公益財団法人プラン・インターナショナル・ジャパン

女の子が本来持つ力を引き出すことで地域社会に前向きな変化をもたらし、世界が直面している課題の解決に取り組む国際NGO。プラン・インターナショナルは、世界75カ国以上で活動。世界規模のネットワークと長年の経験に基づく豊富な知見で、弱い立場に置かれがちな女の子が尊重され、自分の人生を主体的に選択することができる世界の実現に取り組んでいる。

✉️ advocacy@plan-international.jp

🖥️ www.plan-international.jp

f facebook.com/planinternational

🐦 https://twitter.com/Plan_Intl_jp

📷 https://www.instagram.com/planinternationaljapan/

● **執筆担当** ....

長島美紀

アドボカシーグループリーダー。大学の助手を務めた後、NGOの広報やキャンペーンなど企画運営を経て、現職。現在女の子のリーダーシップレポートの作成などを担当。政治学博士。

● **編集担当** ....

平田泉

広報マーケティング部広報チーム

久保田恭代

事務局長直轄・周年事業担当

（公財）プラン・インターナショナル・ジャパン
創立40周年記念出版

女の子の力を、世界を変える力にする。

装丁・本文デザイン ― 後藤葉子（森デザイン室）
イラスト ― よしだゆう
組版 ― 本庄由香里（GALLAP）
編集協力 ― 村重真紀

おしえてジェンダー！
「女の子だから」のない世界へ

2023 年 5 月 30 日　第 1 刷発行

編　　　者　公益財団法人プラン・インターナショナル・ジャパン
発　行　者　坂上美樹
発　行　所　合同出版株式会社
　　　　　　東京都小金井市関野町 1-6-10
　　　　　　郵便番号　184-0001
　　　　　　電話　042（401）2930
　　　　　　振替　00180-9-65422
　　　　　　ホームページ　https://www.godo-shuppan.co.jp
印刷・製本　株式会社シナノ

■刊行図書リストを無料進呈いたします。
■落丁乱丁の際はお取り換えいたします。